La vérité sur vos gribouillis

ISBN : 2-7339-0817-0
ISSN : 1243-0013

98, rue de Vaugirard – 75006 Paris
Tél. : 01 42 22 64 80 – Fax : 01 45 48 25 03
www.grancher.com
m.grancher@worldonline.fr

François Sulger

La vérité sur vos gribouillis

Éditeur : Michel Grancher

GRANCHER

Collection « Oracle »

Incognito, un certain don de voyance, C. Alexis
De vous à moi, jeu de cartes avec livret explicatif, C. Alexis
Votre destinée, jeu de cartes avec livret explicatif, C. Alexis
Les Symboles des rêves dans la Bible, A. Soued
Comprendre et interpréter vos rêves, M. Duvivier, C. Léonard
Le Grand Jeu de Mlle Lenormand, C. Silvestre
Les Tarots, C. Silvestre
La Roue astrologique et le tarot, C. Silvestre
Les 12 meilleures façons pour tirer le tarot, C. Silvestre
Le Grand Etteila et le tarot égyptien, C. Silvestre
Le Tarot persan de Madame Indira, C. Silvestre et Mme Indira
Le Tarot hindou, C. Silvestre et Mme Indira
Tarots et chakras, C. Silvestre
Le Tarot du chat, C. Sédillot et C. Trapet
La rencontre des arcanes majeurs et mineurs du tarot, C. Silvestre
Tarot, le livre des mille et une rencontres, B. Cléry, A. de Lambre
L'Oracle de Belline en 7 leçons, C. Silvestre
L'Oracle de Venise, C. Silvestre
Numérologie : le symbolisme des lettres, J.-D. Fermier
Numérologie : le livre des cycles, J.-D. Fermier
Découvrez votre destinée grâce à l'astrologie karmique, L. Larzul
Comprendre la lune noire, L. Larzul
Réincarnation et renaissance intérieure, J. Esner
Les Anges de votre vie, Dr J.-M. Paffenhoff
Développez vos pouvoirs paranormaux, J. Mandorla
Phénomènes étranges du surnaturel, S. Simon
Les Vertus du magnétisme, P. Martignac
Les Saints méconnus, L. Charpentier
Petit Recueil de prières miraculeuses, L. Charpentier
Les Statues à miracles, P. Manoury
Les Talismans opératifs, P. Manoury
Le Livre des charmes, P. Guérin
La Magie amoureuse, P. Guérin
L'Hébreu, miroir de l'être, I. Slomka-Saguit
De l'usage des herbes, poudres et encens en magie, M. d'Estissac
Le Feng Shui des affaires, S. von Saxenburg

En hommage à Christiane,
compagne de ma vie
obligée trop tôt de me laisser seul sur la route.

Introduction

Allons-nous vers la disparition de l'écrit ?

Du moins l'écrit tel qu'il est utilisé dans la vie au quotidien, l'écrit messager, vecteur de communication. Ou, pour être plus précis, va-t-on vers la disparition de l'écrit manuscrit ?

Pendant combien de temps encore verra-t-on des gens choisir l'écriture comme moyen de communication, hormis pour répondre à des obligations administratives ? Pendant combien de temps vendra-t-on encore des stylos – stylos bien utiles, qui étaient, il n'y a pas si longtemps, placés en tête dans la liste des cadeaux de circonstance, pour une première communion ou la réussite au baccalauréat ? Ou bien ces instruments ne serviront-ils plus qu'à signer des actes officiels ?

Il faut bien reconnaître que l'art épistolaire – à la Madame de Sévigné – s'estompe dans les brumes du passé. On n'écrit plus, ou presque plus, et souvent mal. Il est vrai que le téléphone, avec maintenant l'intrusion omniprésente du portable, la pratique envahissante de l'ordinateur, dans la vie professionnelle comme dans la vie privée, ne plaident guère en faveur de l'écriture manuscrite.

Un des derniers domaines où l'écriture pouvait s'exprimer restait la coutume des cartes de vœux. Certes, pour certains, c'était le moyen facile mais parfois également l'unique occasion de se rappeler au souvenir des relations, signaler que l'on était toujours en vie, et aussi venir aux nouvelles.

Pour tous, c'était l'occasion de recevoir des cartes de toutes sortes, avec bien évidemment l'obligation d'y répondre : cartes colorées, artistiques, vouées à une cause, d'inspiration religieuse, bizarres, mais des cartes « à part » qu'on ne recevait qu'une fois l'an... et que les plus économes conservaient... pour les réutiliser l'année d'après, en prenant soin de noter au crayon le nom de l'expéditeur initial !

Enfin, il y avait ceux qui fabriquaient leurs propres cartes à partir de photos, de dessins, ajoutant ainsi une note très personnalisée à leur message, qui alors dépassait l'aspect purement conventionnel et figé d'un rituel de fin d'année.

Tradition encore plus désuète, celle qui consistait à se manifester pour tous les actes joyeux ou tristes de la vie courante de proches ou de connaissances dans des moments d'intensité événementielle de leur vie. Et pourtant ! Quelques lignes griffonnées venaient assurer le destinataire d'une marque de sympathie et permettaient de révéler pour l'autre une réelle empathie.

Maintenant nous sommes pressés, et au mieux, l'envoi de formules toutes faites, pré-imprimées, à la fois froide et banale typographie, simplifie bien les choses, quand ce n'est pas le recours au téléphone, ou pis encore, le silence d'un monde de brutes... Il suffit de voir comment la plupart des gens sont mal à l'aise devant la perspective d'avoir à écrire un simple message de condoléances, qui pourtant devrait jaillir spontanément de l'affectif. Où sont les belles missives d'antan ?

On aurait pu croire que le magnétophone allait développer un courrier oral, via l'échange de cassettes, mais il n'en fut rien. Sans doute les frais d'envoi, la manipulation, la fausse spontanéité du parler, qui faisait que certains écrivaient d'abord ce qu'ils allaient dire dans le micro, ont pu jouer en ce sens.

Mais fondamentalement ce fut surtout l'échec de moyens mécaniques, mis au service d'une situation de communication forcée : à quoi sert de prendre le micro, alors que je ne sais pas ce que je veux dire... si j'ai quelque chose à dire ?

Ceci montrait aux plus sceptiques que la disparition du courrier/communication et de la lettre dépassait la simple paresse à écrire et à mobiliser l'huile de coude, raison invoquée par beaucoup. En clair, il était inutile d'ouvrir un champ de recherche dans cette direction : la disparition n'était pas due à une modification morphologique aggravant la crampe de l'écrivain !

Il faut chercher ailleurs. Cette disparition s'inscrit plutôt au-delà d'une perte des finesses, nuances et subtilités de la langue écrite – perte somme toute logique, à force de ne plus lire et de ne « saisir » la vie, et le monde, qu'à coups de bandes dessinées – dans une difficulté à communiquer, mais aussi dans une quasi-impossibilité à dire les choses avec la sincérité et surtout la simplicité du cœur.

Il reste bien sûr quelques passages obligés, professionnels : formulaires de demandes administratives ou bien lettres de candidatures ou de motivation, mais dont le caractère appliqué, voire stéréotypé, ne peut que laisser dubitatif sur l'expression personnelle et spontanée, au point de poser problème même au graphologue.

Voilà le grand mot lâché : la spontanéité. Ce mot devenu tabou, hélas, ne pose pas uniquement problème au graphologue.

Mais au fait, la spontanéité est-elle vraiment de mise ? La spontanéité fait-elle encore partie de l'expérience de vie de nombre d'entre nous ? Ne sommes-nous pas dans une société qui non seulement ne l'encourage pas, mais la déconseille, voire la réprime, au profit de la langue de bois ?

Il y a quelques décennies, la langue de bois était l'apanage de quelques hommes politiques, connus et reconnus.

Du moins c'était ce que l'on pensait, arborant un sourire narquois et mollement réprobateur. Car, dans la candeur générale voulue, mais aussi pour défendre chacun ses poulains, on ne pouvait admettre que tout le monde politique en fût affublé. Par conséquent, seul l'adversaire, celui qui n'était pas de notre camp, pratiquait la stratégie de la restriction de pensée élevée au rang d'art du quotidien.

Et puis, petit à petit, insidieusement, la langue de bois s'est installée, gagnant tous les domaines, et plus seulement la politique, s'intégrant à la vie quotidienne, devenant, en quelque sorte, une norme des mœurs de la communication, reléguant aux oubliettes le « tope-la » des marchands de bestiaux, qui pendant des décennies s'en étaient contentés pour respecter leur parole.

Il est vrai que la langue de bois est devenue l'inséparable compagne du « politiquement correct » ; ils ne pourraient vivre l'un sans l'autre. Aujourd'hui, ils sont devenus le couple infernal de la communication.

Notons au passage que dans l'expression « politiquement correct », l'allusion au « politique » est trop restrictive. En effet, le terme recouvre un conformisme de pensée et de comportement, une normalisation à être, à faire et avant toute chose à rester dans le sillage de la meute, pratiquement dans tous les actes de la vie.

Selon le vieil adage que les paroles s'envolent et que les écrits restent, il est clair que la langue de bois n'est pas du tout incitatrice à prendre le risque de s'épancher par écrit.

L'obsession de la trace, de la preuve, dans un univers infantilisé par son souci majeur d'évitement de la culpabilité et de la responsabilité, où les plus beaux titres de gloire auxquels bon nombre aspirent sont de pouvoir clamer bien haut : *« Ce n'est pas moi qui... Je n'y suis pour rien... »* ne militent pas en faveur de la chose écrite.

Il est plus simple de croiser les bras, de regarder ailleurs et de ne pas prendre le risque de parler vrai : le ronron est préférable au changement, et la sécurité préférable au risque, pourtant seul stimulant réel de l'existence. Combien sont prêts à endosser la devise d'Hemingway: « *Je préfère vivre un jour comme un lion, que cent ans, comme un mouton.* »?

Il y a encore quelques années, celui qui pénétrait dans une pièce en s'exclamant: « *Qu'est-ce qu'il fait froid!* » déclenchait une réaction de celui qui était le plus proche de la fenêtre ouverte. « *Attendez!* » et ce dernier fermait la fenêtre.

Aujourd'hui, au risque de se voir transformé en stalagmite, personne ne fera rien... sauf à se justifier: « *Je n'étais pas là... Je viens juste d'arriver... Je sors des archives où il fait très chaud... Personne n'a dit auparavant qu'il faisait froid... vous êtes le premier à le dire...* » Et, bien sûr, la fenêtre continue de rester ouverte.

Car, non seulement nous sommes pressés, mais en plus nous sommes stressés.

Ah! le stress. Cette bouteille à l'encre qui explique tout et rien, du moins si l'on se réfère à l'orthodoxie de Hans Selye, son « formulateur ». On oserait presque dire que c'est devenu « le » mot à la mode, une précaution oratoire.

Par contre, le stress a contribué au développement de l'usage des psychotropes, ces béquilles « thérapeutiques » qui, entre autres bienfaits, mutilent la phase du sommeil paradoxal, cette phase spécifique du sommeil étouffant la « voie royale » d'accès à notre « subconscient »: le rêve.

Pourtant notre « subconscient », lui, est pourtant toujours là, et bien là.

Voilà bien notre dilemme. Nous sommes, en permanence, pris entre notre conscient (« *ce dont je parle, au moment où j'en parle* » disait Jung), et notre « subconscient ».

Notre conscient prudent, impersonnel, calculateur, éduqué, notre conscient, qui, grâce à la langue de bois, se préoccupe de ne pas faire de faux pas, de ne pas prendre de risques, de ne pas sortir du consensus d'opinions, enfin de tout faire pour rester dans la ligne correcte.

Et puis ailleurs (et mon « en dessous », comme on a souvent tendance à le dire, comme si l'on voulait donner la partie belle et noble au conscient, qui serait forcément au-dessus : fruit de la constante priorité du rationnel à travers les décennies !) se trouverait notre « extra-conscient », ce fatras hétérogène, en constante effervescence, mais omniprésent, et qui, lui, n'apprécie pas cette constante mise au pas par le conscient, et subit l'empêchement à exprimer la totalité de notre moi.

Je me dois, à ce moment, de fournir une brève explication qui dépasse un simple aspect sémantique et historique.

Pourquoi utiliser le terme « d'extra-conscient » ? Le terme d'inconscient ne serait pas satisfaisant. Il conserve une ambiguïté, car être inconscient implique un aspect physiologique, celui d'avoir perdu connaissance et donc de ne plus avoir aucune prise sur l'« ailleurs » de notre personne. Bien que me sentant très proche de Jung, son terme de subconscient implique à mes yeux une notion d'infériorité, comme s'il y avait au-dessus le conscient, le rationnel, le côté cartésien forcément supérieur, et j'en doute. Cet « ailleurs » n'est pas localisé en dessous du conscient. Il n'est pourtant pas venu à l'esprit de ceux qui ont créé le terme de perception extra-sensorielle de parler de perception sub-sensorielle ou sous-sensorielle !

Alors que l'on me pardonne : dorénavant j'utiliserai le terme « d'extra-conscient », pour caractériser cet « ailleurs » que d'aucuns continueront d'appeler subconscient ou inconscient, cela ne me perturbera pas.

Nous avons de plus en plus de difficultés à entrer en contact avec notre extra-conscient : peut-être que la quête folle et stérile vers les drogues n'en est qu'une manifestation.

Notre extra-conscient est entre autres le réservoir de la mémoire de notre vie vécue, tout en étant aussi détenteur d'une parcelle de la mémoire de l'humanité, vécue depuis ses premiers balbutiements.

Cet extra-conscient, porteur de toutes nos contradictions, de nos apprentissages, de nos échecs, de nos succès, de nos craintes, de nos vrais désirs, de nos excès ; cet extra-conscient capable de dissimuler plus ou moins bien et pour plus ou moins longtemps l'inavouable, l'indicible, l'ambigu.

Notre extra-conscient apparaît comme seul partenaire dialectique de notre personnalité, mais également comme seul garant, en définitive, du maintien de la synthèse de cette personnalité.

On est en droit de se demander si l'on peut vivre sans une forme de dialogue avec notre extra-conscient ? Privé de rêve, ne pratiquant plus l'introspection, faute de temps, muselant notre spontanéité, toujours aux aguets pour ne pas se découvrir, peut-on tout simplement vivre ? Peut-on vivre pleinement sans constamment prendre en compte les tiraillements entre nos bons lutins et nos méchants gnomes, sans entendre, à la table de décision, ce qu'ont à nous dire l'ange et la bête ?

Et si le gribouillis – à la fois préhistoire de l'écriture et dernier vestige de la chose écrite par la main de l'homme – restait l'ultime bastion d'un dialogue interne ?

Les origines du gribouillis

Il est vraisemblable que chez les hominidés, les ancêtres du gribouillis ne furent que de simples marques – coup de silex dans l'écorce d'un arbre, pierre intentionnellement posée sur une autre, pieu planté dans le sol... – répondant à l'impulsion de laisser la trace de son passage, de s'affirmer en montrant que l'on existe et d'extérioriser sa vitalité. Sans doute n'étions-nous pas très loin alors, d'une forme de marquage, un peu comme le marquage du territoire, tel qu'on le connaît chez les animaux.

Suivant un raccourci éclair et imaginé de ce qui a pu être l'évolution du cheminement de la pensée et de la réflexion chez nos ancêtres, retournons vers notre ami Ohok, dont nous avions fait la connaissance dans notre ouvrage *Les Gestes Vérité*.

Imaginons Ohok. Il se tient à l'entrée de la grotte dans laquelle il vit avec son clan. Nous sommes au crépuscule. Cette fois, la journée de chasse a été un échec. Les bœufs musqués ont éventé l'embuscade tendue par les chasseurs et se sont dispersés en une cavalcade bruyante.

Ohok est là, tenant à la main son pieu, sans la moindre dépouille pour nourrir le clan ; ce clan qui n'a pas mangé de viande depuis deux semaines, alors que les réserves sont épuisées.

Il commence, à petits coups, à frapper le sol avec son pieu, juste devant ses pieds, comme s'il ponctuait quelque mélopée intérieure.

En fait, ce mouvement rythmique mobilise non seulement son épaule, son coude, son bras mais chaque rebond appelle le suivant, par un subtil automatisme répétitif, fixant Ohok physiquement sur place, provoquant chez lui une forme d'auto-hypnose, proche de la transe.

Alors son esprit se libère, son raisonnement bercé par la mobilisation motrice et rythmique de son martèlement va pouvoir s'absorber ailleurs, et il s'interroge sur l'opportunité de repartir dès le lendemain à l'aube, pour reprendre une chasse infructueuse.

Le troupeau est là depuis plusieurs lunes, dans une généreuse futaie, pourquoi partirait-il ? Mais cette fois, il faudrait le pousser vers la falaise du côté du soleil couchant, plutôt que vers la rivière, comme aujourd'hui. Il faudra donc prévoir un groupe de chasseurs pour achever les bêtes blessées en bas de la falaise, mais lesquels choisir ?

Même si Ohok ne prête pas attention au piquetage de son pieu sur le sol, ce soir-là naît sans doute le premier gribouillis de l'humanité.

À des centaines de milliers de lunaisons de ce jour, Pierre, en vacances, avant de décider à quoi ses copains et lui-même vont jouer, refait le même rituel dans le chemin qui mène à la forêt, répétant le même martèlement incantatoire, propice à la concentration de la réflexion, en digne fils d'Ohok.

Et depuis Ohok, cela n'a plus cessé.

Que ce soit avec le doigt, avec le gros orteil ou avec un ustensile, que ce soit dans la poussière, la terre, la neige, le sable (regardez autour de vous en vous promenant sur la plage en été !) et bien sûr le papier : le gribouillis apparaît fugitif, spontané, à la révélation éphémère.

Il faudra attendre l'apparition du papier et de son usage pour en garder la trace et en faciliter l'étude, mais on se doit d'avoir une pensée émue et nostalgique pour ces millions de témoignages de tensions et d'émotions perdus à jamais.

Revenons à notre époque. Dans l'évolution classique de l'acquisition des outils scripturaux de communication, on va passer par trois phases, en commençant par le gribouillis puis le dessin, et enfin l'écriture.

On remarquera ainsi que l'attrait pour le gribouillis se manifeste très tôt, et peut apparaître vers un an et demi chez le petit enfant.

Cela correspond déjà à une sorte d'entraînement. Il s'agit pour lui de développer son aisance dans la préhension manuelle et par voie de conséquence, pour bien plus tard, sa maîtrise à écrire, le tout s'inscrivant dans une bonne acquisition de sa motricité.

Toutefois, on retrouve quelques formes typiques chez ces petits qui ébauchent déjà une intention d'exprimer quelque chose (ce que l'on a appelé « la phase d'intention représentative »).

Ainsi :

Figure 1

De nombreuses formes fermées (à tendance arrondie, ovalisée, ou à courbes) plus ou moins gonflées, suivant que la faim est ressentie ou non, suivant que le petit est plein, replet, ou resserré, quand il y a manque. Le tout-petit connaît deux grandes peurs, celle du manque de nourriture et celle du manque d'affection, toutes deux se fondant dans la peur de l'absence maternelle *(figure n° 2):*

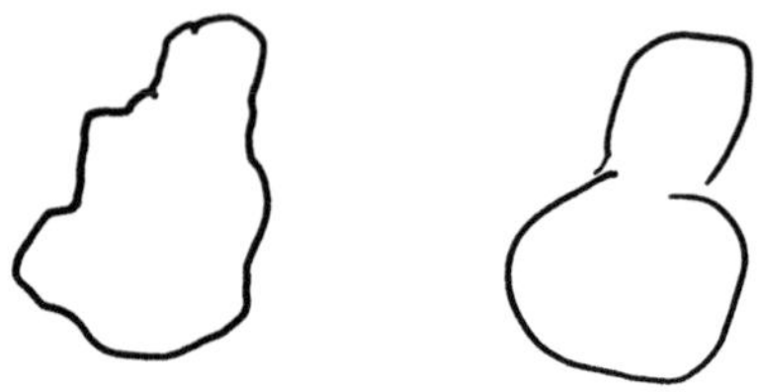

Figure 2

Le petit enfant est aussi attiré par des formes « solaires » : soleil plus ou moins rond, plus ou moins net dans son tracé, avec des rayons plus ou moins nombreux. La qualité du dessin, si l'image est trop scindée, le trait trop heurté, laisse deviner un sentiment d'insécurité latent, dû à une mauvaise perception du père *(figure n° 3):*

Figure 3

Ou bien des formes en « haricots », en fait des cercles cintrés, dans lesquels on peut voir des formes de fœtus, et à travers elles, une réminiscence nostalgique de ce qui fut peut-être la sécurité première *(Figure n° 4):*

Figure 4

Enfin, le petit montre son intention de représenter des visages. Il passe en général par trois étapes: d'abord un visage sans rien, juste une surface circulaire, puis il va y ajouter une bouche, des yeux, ou les deux, modestement, car le plus souvent il ne s'agit que de simples points *(Figure n° 5):*

Figure 5

Vers deux à trois ans, alors que le contrôle moteur est loin d'être maîtrisé, on retrouve certaines formes typiques de cette période, tels que des piquetages *(Figure n° 6):*

Figure 6

Ils proviennent non pas d'un mouvement du poignet –indication du délié du contrôle moteur, mais bien d'une mise en jeu de tout l'avant-bras. Ce sont de véritables spasmes neuro-musculaires, spasmes d'affirmation et d'énergie, mais également entraînement à un geste moins impulsif, plus contrôlé, qui amènera progressivement l'apparition d'autres formes. Souvenons-nous des « piquetages » d'Ohok avec son pieu.

C'est ainsi que l'on verra se former d'autres éléments du gribouillis, déjà annonciateurs d'éléments un peu plus complexes, et qui faciliteront, un peu plus tard, l'approche du matériau préparatoire à l'élaboration du dessin.

Des lignes *(Figure n° 7)*:

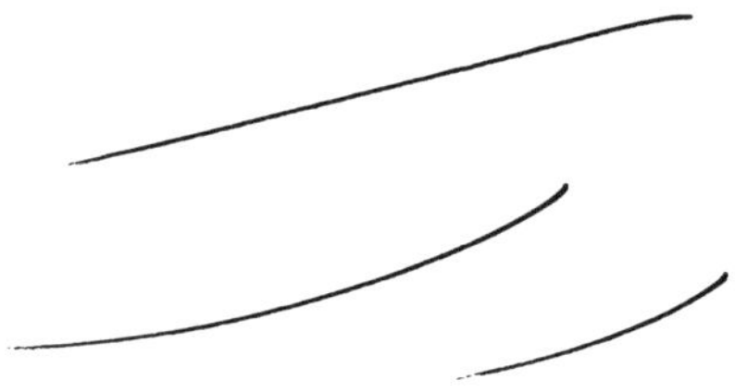

Figure 7

Des becs *(Figure n° 8)*, qui sont à la fois intermédiaires entre les « piquetages » et les « v » que nous étudierons plus loin, dans les formes typiques:

Figure 8

Des courbes *(Figure n° 9):*

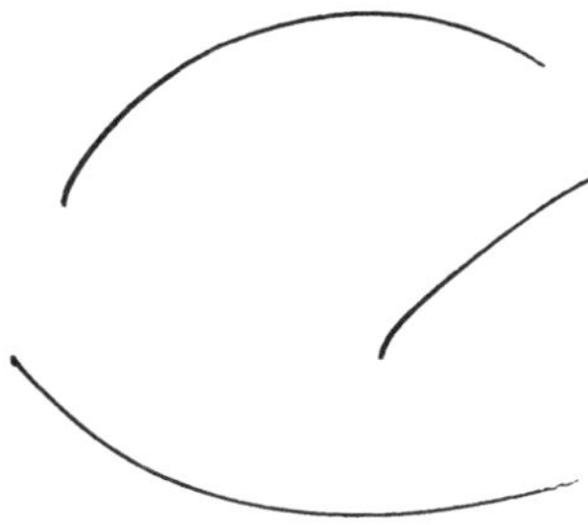

Figure 9

Des méandres *(Figure n° 10):*

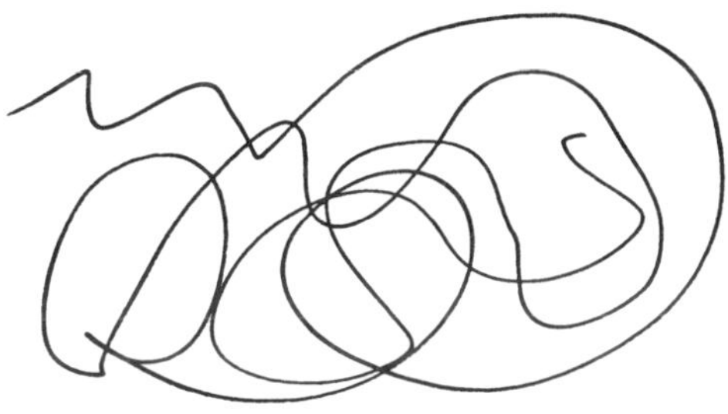

Figure 10

Lesquelles sont parmi les formes les plus courantes des prémisses du gribouillage, comme si une certaine fascination pour la trace laissée par le crayon incitait l'enfant à ne pas rompre le charme et à continuer à laisser sa main aller et venir, traçant une sorte de rêverie-promenade, déambulation sans fin et sans finalité réelle.

On trouverait également des formes à dominante courbe (ovale, cercle...). Ce sont les plus faciles à exécuter car l'angle, avec son changement de direction, est plus complexe et implique déjà une meilleure maîtrise dans la tenue de l'ustensile.

Liasses de ballons *(Figure n° 11) :*

Figure 11

« Spermatozoïdes » *(Figure n° 12) :*

Figure 12

Ou encore des « parachutes » *(Figure n° 13) :*

Figure 13

Le gribouillis de l'enfant, que ses maîtres s'efforceront de canaliser en dessins dès le début de la scolarisation, n'est pas seulement une forme d'auto-entraînement moteur il lui permet également d'exprimer des conflits qu'il ne sait ou ne veut pas exprimer autrement.

Ces conflits naissent des contraintes même de la scolarisation : contrainte du statique imposé alors qu'il voudrait bouger ; contrainte des débuts de la socialisation, de l'acceptation forcée de la présence des autres alors qu'il voudrait avoir le train en bois pour lui tout seul.

À cela viennent s'ajouter les contraintes du clan familial, de la fratrie, en fait tout ce qu'implique l'apprentissage de la vie quotidienne.

Et même quand l'enfant accède au dessin, il lui arrive de revenir spontanément au gribouillis, un peu comme un exutoire ; de la même façon qu'après la classe, il lui arrive de se précipiter en hurlant dans la cour de récréation, pour expulser son énergie, limitée et orientée par la classe.

On aperçoit donc, déjà, chez l'enfant, un élément que l'on retrouvera chez l'adulte : à savoir que le gribouillis serait un moyen de se libérer de tensions et d'émotions fugaces qui nous envahissent, et en face desquelles on a la confuse mais ferme conviction que l'on ne parviendrait pas à les exprimer autrement.

En grandissant, en s'approchant de l'adolescence, il gardera la pratique du dessin, mais ne l'oublions pas, beaucoup moins souvent par attirance spontanée que par nécessité, le dessin bénéficiant d'une insistance pédagogique pendant toutes les premières classes.

L'adolescence, toute en excès, va plonger l'enfant, en schématisant, soit dans le mutisme, soit dans la logorrhée ; et l'adolescent verbeux va laisser de côté le gribouillis, moyen bien trop lent et pas assez collectif pour son expression.

Pendant cette période, le gribouillis ne servira plus alors qu'au silencieux, à l'introverti.

Et voilà qu'apparaît un deuxième élément possible de signification du gribouillis: le gribouillis présenté cette fois comme une forme de dialogue intérieur, une incitation à l'égocentrisme méditatif.

Trop vite le temps va passer, et l'adolescent basculera dans le statut d'adulte. Il va se retrouver... devant son ordinateur, son traitement de texte, sa conversation téléphonique ou la réunion de travail, et mystérieusement, pour différentes raisons, il va retrouver peut-être le chemin du gribouillis, et y avoir recours.

LE CHAMP DU GRIBOUILLIS

Il est relativement facile de délimiter le gribouillis par rapport à l'écriture, encore que certaines modifications du tracé et de la destination de l'écriture, peuvent être considérées comme faisant partie du gribouillis *(Figure n° 14) :*

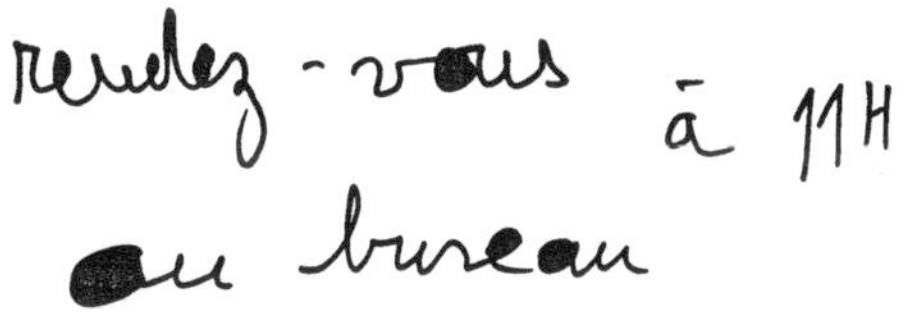

Figure 14

Il n'en est pas de même en ce qui concerne le dessin.

Cela provient déjà d'une sorte de simplification. On a, en effet, tendance à placer sous le terme général de gribouillis tout ce qui est tracé non intentionnellement, sans destination spécifique, par exemple sur un bout de papier.

On mélange ainsi allégrement d'authentiques gribouillis à des dessins pour déboucher sur un amalgame, le seul point commun supposé étant, semble-t-il, que tout cela est fait « machinalement ».

Il faut reconnaître que chez l'enfant, en particulier, le gribouillis, de par sa situation « d'avant-dessin », se trouve très souvent enrichi par des parties dessinées, et que l'interprétation doit alors faire appel à la combinaison symbolique de l'un et de l'autre.

Mais il n'en reste pas moins qu'une fleur ou un visage ne sont pas des gribouillis. Ils sont sans conteste à classer dans les dessins et à analyser en tant que tels.

Bien sûr, même si la délimitation du gribouillis reste relativement claire, on tombe parfois sur des exceptions *(Figure n° 15)* :

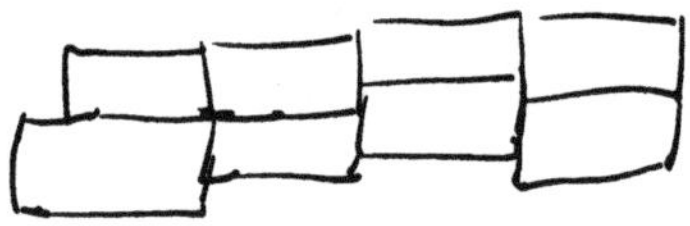

Figure 15

Cet empilage de rectangles pouvant aussi bien être considéré comme un mur de briques.

L'une des conséquences de cette démarcation par rapport au dessin, qui demeure, lui, une expression souvent libre et originale, c'est qu'au niveau de l'étude du gribouillis, l'on est frappé par la fréquence avec laquelle apparaissent un certain nombre de formes types, et que l'originalité est très rarement au rendez-vous du gribouillis, du moins dans son sens strict. C'est sans doute la différence essentielle entre dessin et gribouillis qui explique deux études à part. L'étude du gribouillis tourne autour d'un petit nombre de formes récurrentes, celle du dessin est beaucoup plus vaste, s'inspirant d'un très grand nombre de variantes individuelles.

C'est cette récurrence de formes types qui justifie l'objet d'une étude de la signification du gribouillis et permet, grâce à la fréquence d'observations identiques, à des recoupements, d'obtenir un bon niveau de validation des interprétations.

La question du support reste secondaire, du moins au niveau de l'observation, sachant simplement que l'on passera plus de temps à faire un gribouillis, en été, sur le sable de la plage, que dans la neige, en hiver, pour de simples raisons de confort.

Le gribouillis-roi reste celui tracé sur du papier, car lui seul pourra être conservé, observé, étudié, longtemps après la situation qui l'aura incité.

Il arrive parfois, qu'en simple spectateur, on assiste à la genèse d'un gribouillis. Profitons de ces moments privilégiés, où, à la table voisine, au café, on surprend l'amorce des signes annonciateurs.

Ici, des références à des gribouillis sur papier seront essentiellement prises comme exemples, pour les raisons précitées.

Le plus souvent, malheureusement, nous n'aurons qu'un gribouillis figé, subtilisé avant qu'il n'aboutisse, chiffonné, dans la corbeille à papier.

Il est clair que l'importance de ce phénomène est grande dans l'interprétation d'un gribouillis. Un gribouillis auquel on aura assisté, en pouvant noter la chronologie, les hésitations et tout le cheminement, fournira une interprétation plus fouillée qu'un gribouillis achevé dont on tentera l'interprétation.

LE CONTEXTE PSYCHOLOGIQUE DU GRIBOUILLIS

Dans quel climat psychologique se trouve quelqu'un qui commence un gribouillis ? Il serait plus juste de parler de contextes au pluriel, tant les motivations peuvent être variées.

Les études psychologiques sur le gribouillis montrent qu'il répond essentiellement à quatre types de motivations, lesquelles peuvent d'ailleurs se superposer totalement ou partiellement, évoluer l'une par rapport à l'autre, même en cours de gribouillage.

PREMIER TYPE :

Le gribouillis est un dérivatif compensatoire à l'absence d'action

La situation, par exemple, où l'on participe à une réunion en fournit une bonne illustration.

Qu'il s'agisse d'une réunion d'information ou de travail, l'on se retrouve dans un contexte où des paroles s'échangent, où des idées sont émises, où un ensemble de choses se passent, alors que rivé à son siège, dans une situation d'écoute et de participation supposées, l'heure n'est pas à l'action.

Pour diverses raisons on ne peut, ou on ne veut pas parler.

Ce qui n'empêche pas de recevoir toute une série de perceptions, et de subir le travail du cerveau, en particulier celui de l'extra-conscient, qui lui, peut réagir de multiples façons.

Il confronte des expériences antérieures, émet des désaccords, des approbations, mais aussi de l'ennui, du désintérêt, provoquant l'apparition du gribouillis comme seule matérialisation de tout ce travail extra-conscient.

DEUXIÈME TYPE :

Le gribouillis est une manifestation de concentration

Un cas typique serait une communication téléphonique, au cours de laquelle l'écoute de l'autre exige un effort de concentration par rapport au message qui est en train de se dérouler.

Le gribouillis « machinal », extra-conscient, permet de recentrer le conscient sur ce que l'on est en train d'entendre ou au contraire, parfois, de s'en détacher complètement, pour, en quelque sorte, « penser à côté » en se déconnectant de la priorité officielle du moment.

TROISIÈME TYPE :

Le gribouillis, sorte de voix « off », devient l'expression du non-dit

Observons ce couple dialoguant sur la plage. Il est question de l'invitation par des amis à une soirée. Chacun, tout en parlant, va tracer sur le sable des gribouillis lui permettant d'exprimer ce qu'il n'ose pas dire en paroles.

En fonction des réponses reçues à ses arguments, chacun va effacer d'un balayage de la main ou du pied le gribouillis à peine tracé, pour en recommencer un autre, ou au contraire compléter son gribouillis par de nouvelles adjonctions. Il s'agit en l'occurrence d'adapter au coup par coup sa stratégie, par rapport à ce que dit l'autre.

Ce ballet peut durer aussi longtemps que le couple ne parviendra pas à un semblant d'accord, même si le dernier effacement n'est pas forcément convaincu.

Remarquons que le comportement de gribouillage se déroule de façon d'autant plus anodine que nous sommes habitués – malgré tous les inconvénients connus de la langue de bois – à privilégier le verbal, les mots, ce qui est dit. Alors, pourquoi prêter une attention particulière à des représentations apparemment ineptes ?

N'oublions surtout pas que le gribouillis n'a pas valeur de communication sociale : il n'est pas destiné à l'autre.

Celui qui trace son gribouillis se sent totalement protégé, car son langage secret lui appartient. Cette sorte de commentaire matérialisé de son extra-conscient n'est pas fait pour être décodé par les autres et souvent son auteur n'en perçoit pas lui-même la portée, ni la signification.

Pourtant, malgré tout, le gribouilleur sent confusément qu'il doit livrer quelque chose d'intime, sinon, pourquoi aurait-il si souvent le réflexe destructeur de chiffonner son gribouillis pour le jeter dans la corbeille à papier ?

Ne perdons jamais de vue que le gribouillis n'est pas destiné à être un moyen de communication aux autres et que la valeur de sa signification découle de ce constat.

QUATRIÈME TYPE :

Le gribouillis est une expression parcellaire d'un dialogue intérieur

Pourquoi gribouille-t-on alors que l'on ne se trouve ni en situation de communication, ni en situation d'écoute, par rapport à un interlocuteur présent ou absent ? Pourquoi cet homme, seul devant son bureau, ne communiquant avec personne, gribouille-t-il ?

Dans des moments d'intense réflexion, ou de grande perplexité, devant l'extrême complexité d'une situation ou d'un événement, au lieu de penser tout haut, on gribouille pour dialoguer avec soi-même.

Mais on peut également (on le verra plus loin, dans le test du gribouillis) en faire un exercice mental, comme on fait un exercice physique en pratiquant des séances d'abdominaux.

Les situations où l'on gribouille sont souvent celles où l'on se trouve en situation de déstabilisation, où le doute prédomine et où les confrontations d'oppositions aboutissent à une rupture dans l'unicité de réflexion.

Le gribouillis devient l'expression « extra-consciente » de la divergence d'opinion interne. Entre les faits et le rêve, entre la voie « correcte » et les désirs, entre des motivations différentes, le gribouillis apparaît comme un monologue muet à deux voix – cette formule, bizarre, insistant, on l'a compris, sur le caractère utopique ou en tout cas difficilement soluble et intégrable d'un tel questionnement en temps réel.

Celui qui gribouille, sans y penser – comme on dit – fige l'éventuel passage à l'acte par une mobilisation motrice de sa main, qui, pour lui, n'a pas plus de justification qu'un battement de pied en cadence, ou un pianotement de doigts sur le dessus de la table. L'amalgame de ces différents comportements se rapportant à une même raison, du moins dans l'extra-conscient de celui qui gribouille : mobiliser le corps et l'occuper pour que l'esprit reste disponible.

Un élément important dans l'analyse d'un gribouillis provient de ce que ce dernier n'est pas statique. Non seulement, par rapport aux quatre types distingués, le gribouillis peut changer de catégorie dans son explication psychologique, mais de plus, chacun d'entre nous peut très bien avoir recours au gribouillis pour des utilisations différentes, dans des situations différentes.

Il peut même y avoir superposition de significations.

Ainsi, certains recouvrent, sur le même morceau de papier, gribouillis sur gribouillis, alors que d'autres jettent chaque morceau de papier, l'un après l'autre, dès qu'un gribouillis est achevé, comme pour mieux canaliser le travail intellectuel de concentration et de réflexion.

On comprendra aisément que la langue de bois et le politiquement correct, avec leur cohorte de non-dits, d'excessive retenue, finissent par rouiller les articulations du dialogue intérieur, et reléguer à des initiatives rares – donc maladroites – toute forme de spontanéité et de sincérité.

Le gribouillis, lui, n'en deviendra que plus tourmenté, expression déchirée d'un conscient et d'un extra-conscient devenus étrangers.

Mais le gribouillis sera là pour témoigner de la situation, avec une véracité et une profondeur exceptionnelles, tout en restant vraisemblablement le seul témoin éphémère de la distorsion.

Aspects techniques du gribouillis

Le gribouillis est un geste, mais au lieu de se dérouler dans l'espace, comme dans la gestuelle corporelle, il s'inscrit sur une surface.

Il s'agit d'un gribouillis sur papier, par exemple ; tout comme l'écriture il va laisser sa trace, et c'est cette trace qui pourra prêter à analyse.

Du fait de son appartenance à la famille du geste, mais aussi à celle de l'écriture et du dessin, l'on retrouvera forcément des éléments d'explication tels qu'ils apparaissent dans l'interprétation des gestes corporels (*cf.* mon ouvrage *Les Gestes Vérité*) mais aussi dans celle des dessins et de l'écriture.

Le gribouillis s'adapte au format dont on dispose, que ce soit sur une feuille ou un petit morceau de papier, que ce soit une page de format classique A4, le coin d'une page de journal, voire une partie de document déjà écrit.

Quel que soit le format, pendant la durée du gribouillis, la surface choisie devient la scène du monde, la scène de notre théâtre, et si les trois coups sont remplacés par le premier impact du stylet sur le papier jusqu'à l'ultime levée de plume, son déroulement obéit à une chronologie, à des jeux de scènes à travers lesquels le scénario s'inscrit, aussi mystérieux pour le non-initié que la notation abrégée d'une chorégraphie. Mais il s'agit bel et bien d'un scénario déchiffrable.

Le gribouillis peut être unique, s'élaborant dans une durée limitée, rapidement circonscrit, coupant court à toute forme de longue interrogation et d'hésitation. C'est notamment le cas, déjà signalé, de gribouillis achevés pour lesquels il n'a pas été possible d'avoir été témoin de leur élaboration.

Mais il peut tout aussi bien être à reprises, à retouches. C'est-à-dire que telle partie du gribouillis va servir de tremplin à une nouvelle extension, ou même parfois, comme des couches successives de peinture, venir en surcharge jusqu'à oblitérer le tracé précédent.

Le besoin de clarification, mais aussi celui de maintenir l'interrogation, peuvent même inciter l'auteur à continuer son gribouillis, mais en attaquant une surface neuve, un autre morceau de papier.

De toute façon, ces gribouillis finiront au panier, le plus souvent chiffonnés avant d'y atterrir, comme s'il s'agissait de ratés sans importance et sans intérêt, qui ne méritent pas de perdurer. À noter toutefois la fréquente habitude de vouloir se débarrasser des gribouillis.

On pourrait dire que ce sont des suées résiduelles de l'exercice – et parfois du combat conscient/extra-conscient et que leur auteur n'y attache guère plus de valeur qu'à sa sudation après une partie de tennis.

L'autre élément important, déjà mentionné, est la récurrence des formes de gribouillis. Le gribouillis laisse peu de place à l'originalité formelle, ou alors risque de basculer dans le dessin, pour aboutir, dans ce cas, à des interprétations mixtes, partie gribouillis, partie dessin.

Cette récurrence veut dire que l'on a recours encore et toujours aux mêmes modèles et que le gribouillis exprime plutôt – tout comme les gestes – l'expression d'un état psychologique passager et non l'infrastructure d'une personnalité.

Bien sûr, on pourrait dire que si un gribouillis signale tel état psychologique passager, et qu'il se répète constamment, c'est que l'état psychologique est devenu permanent et par là acquiert le statut de trait de personnalité.

Mais prudence ! Car derrière ce cas particulier, se profile l'erreur suprême, l'erreur impardonnable de vouloir faire dire à un gribouillis, ce qu'il ne peut révéler : rappelons que le gribouillis se rapporte à un état psychologique circonscrit dans le temps, il n'est pas le meilleur moyen d'accès aux clés d'une personnalité, et de loin.

Prudence ! car sinon nous tomberions sinon dans une erreur impardonnable de simplification. Devant la complexité de la personnalité, devant la généreuse panoplie des divers moyens d'accès à la connaissance de la personnalité, il est facile de retomber dans la manie imbécile du raccourci simplificateur, mais ô combien humain…

Avant d'aborder l'aspect technique de l'interprétation des gribouillis, il nous paraît capital d'aborder le vaste domaine de ce que j'appelle le « projectivisme », clé de voûte du comportement humain.

Le projectivisme

Quand on étudie et que l'on compare des expressions codifiées du langage, du folklore, des légendes, des contes, mais aussi des matériaux propres aux rêves, en passant par les expressions gestuelles, on ne peut qu'être frappé par la permanence de bon nombre de ces constituants et de similitudes entre ces différentes expressions, sans attache apparente avec le contexte culturel.

Comment cela est-il possible? On ne peut invoquer l'éducation car de telles références n'ont pu être apprises. Prenons un exemple tiré de l'univers des rêves.

Quand un enfant souffre de troubles respiratoires et qu'il rêve, il voit souvent, au cours de ses rêves, une araignée tissant sa toile au-dessus de lui pour recouvrir progressivement son lit. La frayeur le gagne, et pour se protéger, il va s'enfoncer plus profondément, tirant sur lui sa couverture. Il va respirer de plus en plus mal, s'étouffer à travers sa couverture et se réveiller terrifié pour briser le cauchemar.

Ce qui est intéressant n'est pas le mécanisme en soi, explicable et compréhensible, mais son universalité. En effet, un petit Russe comme un petit Péruvien, peuvent faire l'expérience de ce rêve. Ce qui veut dire que cette manifestation extra-consciente est sans rapport réel avec la fréquence biologique de la présence d'araignées dans telle ou telle région. Cela est si vrai que même un petit Eskimo peut faire l'expérience de ce rêve, alors que l'araignée ne fait pas partie de son expérience au point d'avoir recours à des métaphores, s'il veut tenter de raconter son rêve, et de le décrire. S'agissant de petits enfants, on ne peut invoquer la culture et l'éducation pour expliquer, ou simplement tenter de comprendre un tel phénomène.

Une amorce de réponse se trouverait sans doute dans une extension de ce que Lipot Szondi appelait la « théorie des gènes pulsionnels » qui, selon lui, correspondrait à une zone dans les couches les plus archaïques de notre extra-conscient.

Pour Szondi, de même que nous avons une zone de gènes, détentrice de notre hérédité physique, il existerait une zone de « gènes pulsionnels » au plus profond de notre extra-conscient, qui contiendrait des particules, des archétypes – selon l'expression de Jung – transmis de génération en génération, correspondant en quelque sorte à une possible hérédité psychologique.

Ces archétypes nous renverraient à l'aube de l'humanité, et auraient lentement déposé, à travers les siècles, des sédiments : une sorte de fantastique réservoir de mémoire universelle dont chacun d'entre nous serait détenteur, même de façon parcellaire.

Selon Arthur Kœstler (*Les Racines du hasard*, éd. Calmann-Lévy) « *Ce sont en quelque sorte les souvenirs décantés de l'espèce, que des mots ne peuvent exprimer, qu'expriment seulement des symboles... Ils procurent aussi des structures de comportement à tous les humains...* »

La projection est un phénomène psychologique qui consiste en l'extériorisation, la concrétisation sous forme détournée, symbolique, d'un élément extra-conscient.

Parler de « projectivisme » c'est affirmer haut et fort qu'il ne s'agit pas de manifestations isolées, accidentelles, mais bien d'un phénomène global et constant qui nous accompagne dans tous les actes de notre vie quotidienne.

Non seulement notre extra-conscient est omniprésent, du fait de l'existence d'une zone de conscient « flottant », « flottant » parce qu'il n'y pas de séparation hermétique et nette entre notre conscient et notre extra-conscient, mais au contraire, que l'extra-conscient s'exprime constamment avec non seulement une intensité variable mais aussi une clarté variable.

Comment s'exprime-t-il ? À travers toutes les manifestations de l'Homme, car comme l'écrivait L. Hoyack (*Le Symbolisme de l'univers*, éd. Chacornac) : *« On peut s'attendre à ce que tout dans l'existence ait une signification »*.

Notre vie est faite d'une texture qui contient sa propre logique interne, et rien, absolument rien, ne peut y échapper. Une unicité fondamentale régit notre vie. Nous vivons et nous agissons selon une constante, laquelle, si nous avions un savoir suffisant, pourrait toujours être déchiffrée.

C'est pour accroître cette possibilité que j'ai tenté de codifier les lois du projectivisme.

Parler de projectivisme, c'est reconnaître que l'Homme est en projection permanente au sens psychologique du terme : il projette sa vraie personnalité dans tous ses comportements, toutes ses manifestations.

Les lois du projectivisme

Loi n° 1 : LOI de L'EXPRESSION INHÉRENTE

Toute manifestation humaine traduit ou exprime quelque chose. Cette expression peut être secondaire ou même étrangère à l'objectif volontaire de la manifestation intentionnelle.

On peut par exemple offrir un cadeau, choisir une écharpe d'un certain prix – c'est l'objectif volontaire de la manifestation intentionnelle – mais le choix des motifs de l'écharpe, de sa couleur, représentent aussi un message qui peut parfois modifier la signification du cadeau, alors que le choix, bien souvent, n'est pas intentionnel, mais induit par l'extra-conscient.

Loi n° 2 : LOI de RÉCURRENCE

Les manifestations de l'Homme ont des dispositions et des formes particulières qui se retrouvent chez tous, sans distinction de temps ou d'espace.

Dans les régions productrices de bière, que ce soit la Belgique, la Grande-Bretagne ou la Bohème, on trouve des « danses du houblon ».

Elles sont toutes caractérisées par des sauts verticaux très élevés, effectués par les plus vigoureux des sauteurs du groupe, comme une sorte d'incantation pour que le houblon pousse très haut et que la récolte soit abondante ; toutes ces danses sont semblables, avec seulement des variations de détail.

De tels exemples, tirés du folklore, seraient légion.

Loi n° 3 : LOI de SYMBOLISATION

Les dispositions et formes appartiennent à des modèles de base, identiques, qui autorisent une généralisation du processus d'analyse et d'explication.

Il semble que partout dans le monde, les expressions faciales correspondant aux émotions dites fondamentales soient exprimées de façon identique et interprétées par tout un chacun : un Finlandais exprime son dégoût de la même façon qu'un Mexicain, et un Indonésien observant le visage du Finlandais ou du Mexicain peut y percevoir le dégoût. On peut parler d'une universalité de l'expression faciale des émotions.

Loi n° 4 : LOI de L'ICEBERG

Toute expression correspond à quelque chose d'inexprimé ou d'invisible, dont l'existence détermine une projection.

Dans *Le Vieil Homme et la mer* d'Hemingway, quand Santiago, le vieux pêcheur, rêve, il rêve toujours de lions.

Dans le livre, ce rêve de lions se produit après qu'il ait été vaincu par les requins qui ont dévoré l'énorme poisson qu'il avait réussi à pêcher. À travers ce rêve de lions (le lion est un emblème solaire, une autre représentation, sous forme animale, du soleil), Santiago projette son désir de pouvoir et de force.

Certes, ses mains sont en sang, il est meurtri dans sa chair, il souffre, mais dans son esprit, il n'a pas renoncé. Il sait dans son for intérieur qu'un autre jour il mettra de nouveau son embarcation à l'eau, pour une nouvelle expédition de pêche : *« Ah ! que ces lions étaient somptueux »*...

Loi n° 5 : LOI du PLUS PROFOND

Plus ces manifestations émanent des profondeurs de l'extra-conscient, plus l'analyse et l'explication ont des chances d'être riches et vraies.

L'utilisation des tests projectifs en serait un exemple. Comme leur nom l'indique, les tests projectifs, qui n'ont jamais de réponses correctes, incitent à donner des réponses spontanées, car on se projette, sans retenue, dans ces épreuves.

À partir de situations qui ne permettent pas de contrôler ses réactions et qui font appel à l'extra-conscient (par exemple le choix des couleurs dans le test de Lüscher[1]), l'intervention du conscient logique et calculateur est presque totalement bloquée, le testé ayant plus facilement le réflexe de se laisser aller, puisqu'il ne sait pas et ne peut deviner, même par déduction logique, ce que l'on attend de lui.

1. Ce test, du nom de son inventeur, le Bâlois Lüscher, consiste à demander de classer huit cartes de couleurs différentes selon ses propres préférences. Il fut, en son temps, étalonné sur plus de 145 000 passations.

Gribouillis et symbolisme de l'espace

Rappelons que pendant la durée du gribouillis, le support, c'est-à-dire le morceau de papier, devient la scène de notre univers, et qu'il se prête, comme la page sur laquelle on va écrire, à l'interprétation symbolique de l'espace.

Pendant la durée du gribouillis, on pénètre sur la scène de ce qui est momentanément notre petit univers, et on se positionne comme un acteur le fait en entrant sur scène.

Un truc simple consiste à plier le support (la feuille de papier) par la moitié, dans le sens de la hauteur et dans le sens de la largeur : les pliures permettent, sans altérer le gribouillis, de délimiter les zones principales utilisées par le gribouillis, et celles éventuellement évitées.

En symbolisme spatial, on tient compte d'oppositions gauche/droite, haut/bas mais également de trajectoires, de directions, selon une rose des vents, et cela vient encore enrichir l'interprétation du gribouillis.

On trouvera sur la page suivante un « schéma de symbolisme appliqué » *(Figure n° 16)* reprenant les différentes significations possibles des portions d'espace et des mouvements qui y conduisent : il s'agit d'un code capital pour l'interprétation du gribouillis, tout aussi indispensable pour un graphologue.

Schéma de symbolisme appliqué

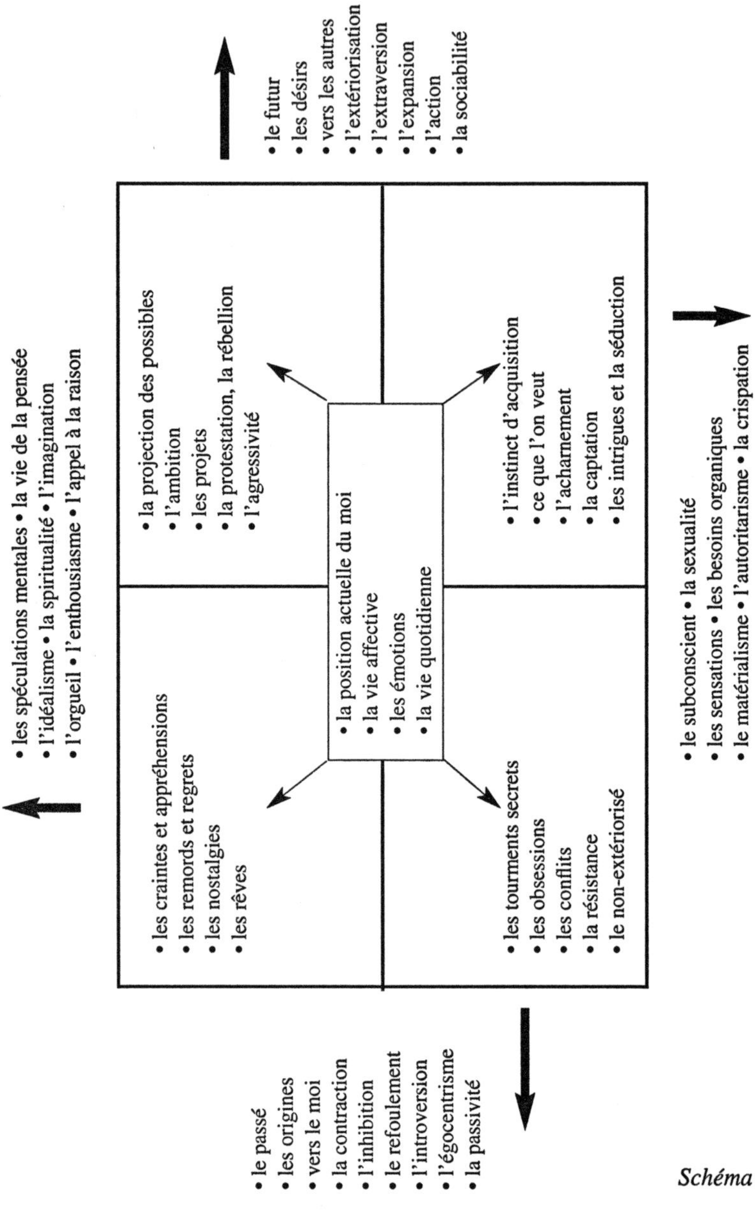

Schéma 16

Nous disposons maintenant de tous les éléments pour proposer une méthode d'analyse au moment d'aborder un gribouillis ; celle-ci fournira un canevas rigoureux, évitant de se disperser dans la recherche erratique d'indices.

Déchiffrer un gribouillis, c'est déjà observer la procédure suivante :

1. Où commence-t-il ?
2. Où s'achève-t-il ?
3. Quelles sont les zones utilisées ?
4. Quelles sont les zones évitées ?
5. Quelle trajectoire suit-il ?
6. Comment s'opère sa progression ?
7. Quels sont les changements de direction ?

Puis il faudra alors aborder la signification symbolique des formes utilisées, en tenant compte :

8. De la présence d'une forme unique (laquelle ?).
9. Des répétitions isolées de cette forme.
10. Du chaînage de ces formes.
11. De la superposition de formes.
12. De la combinaison de formes.
13. De groupes de formes.

Chronologie d'un gribouillis observé et analysé

(Il s'agit d'une situation authentique, observée sur le vif, dans son déroulement chronologique, et par la suite analysée, seuls les noms ont été modifiés, pour des raisons évidentes de confidentialité).

Nous sommes dans les locaux de la direction commerciale de la société W.A.P.I et Alain est à son bureau. La veille, durant la réunion de travail, Alain s'est découvert, abandonnant la langue de bois, à critiquer la politique tarifaire du responsable (Max) de la zone Europe du Sud, dont il dépend.

Il est 9 heures 10, le téléphone sonne. Alain décroche, le directeur général (DG) est au bout du fil.

Passées les réactions à chaud de la veille au soir, Alain se doute que le DG va revenir sur l'accrochage de la veille.

Sans réfléchir, machinalement, il rapproche le petit bloc mémo qui se trouve sur son bureau.

Après les civilités d'usage: « Bonjour, comment allez-vous ? », le DG attaque, « Dites donc, hier, vous n'y avez pas été de main morte… ». Ça y est, pense Alain, c'est ma fête !

Il prend son feutre. Alain trace un point qu'il va agrandir : il se sent épinglé comme un papillon, fixé et isolé. Il est la cible (Figure n° 17) :

Figure 17

Pendant que le DG développe son argumentaire sur l'aspect technique des remarques d'Alain, celui-ci se dit : « Mais enfin, je ne suis pas le seul à penser de cette façon… il y en a d'autres… ce n'est pas possible que les autres ne s'en soient jamais ouverts au D… ».

Alain commence à tracer des cercles autour du point initial : la cible s'élargit ; et puis, si lui (le point noir initial) pouvait influencer les autres ? Un peu comme la pierre lancée dans l'eau qui va provoquer l'onde initiale, engendrant tout autour d'elle des cercles concentriques, de plus en plus larges (Figure n° 18) :

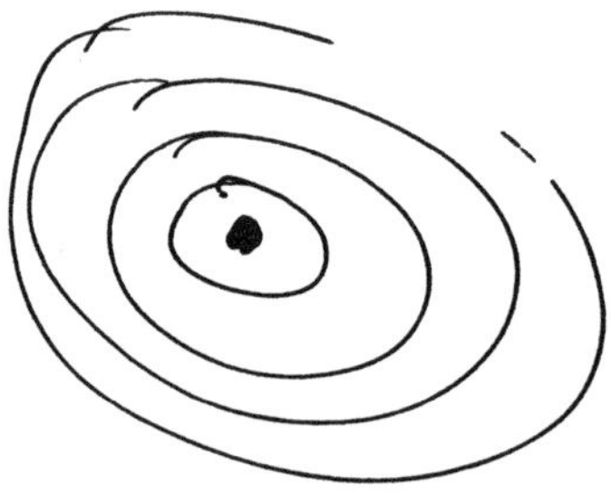

Figure 18

Par chance, le DG entre dans le jeu d'Alain : « C'est vrai que Myriam… José… m'ont déjà fait part de certaines critiques à l'encontre de la stratégie de Max… », Alain marmonne quelques monosyllabes, presque des onomatopées.

Son feutre, repartant du point noir, démarre un trait qui avance en zigzaguant – car l'assurance dont témoignerait une ligne droite, n'y est pas – pour descendre lentement, par à-coups, vers le sud-ouest (Figure n° 19) :

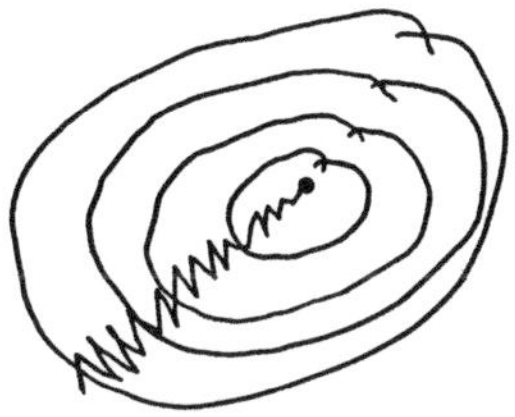

Figure 19

« Peut-être, pense Alain, qu'ils vont reconnaître enfin la pertinence de mes critiques et de mes propositions. Depuis le temps… peut-être qu'ils vont enfin diviser le secteur de l'Europe du Sud, ce que je me tue à leur dire depuis trois ans déjà… peut-être qu'à trois, ces propositions vont enfin peser… et que la direction va se décider… »

Le feutre, après son périple hésitant, en montagnes russes, prêt à changer de direction à la moindre interférence (Alain n'en est plus à une déception près, il en a pris son parti dans ces réunions…) amorce une flèche dirigée vers le sud-ouest.

Le tourment et l'obsession de la non-reconnaissance de ses idées permettent enfin d'avoir ce blocage en ligne de mire. Il va même repasser sur la pointe de la flèche et sur son empennage, pour alourdir le trait, et par là, accentuer la force de son impact (Figure n° 20) :

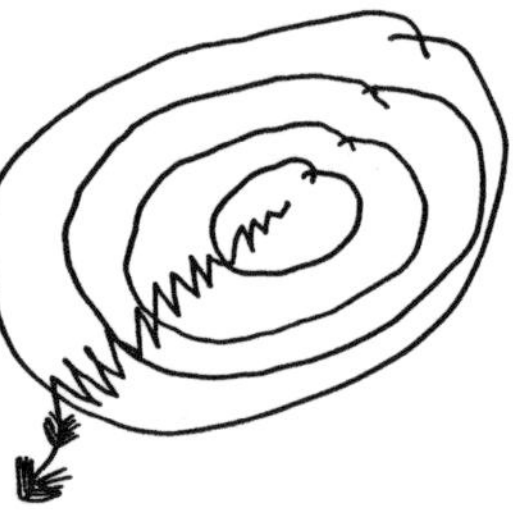

Figure 20

Et s'il était sur le point d'atteindre enfin son objectif ? Si, grâce à l'aide involontaire de Myriam et José, il y avait une petite chance pour que la direction se décide enfin à diviser différemment le secteur de l'Europe du Sud. Si près du but, après tant d'efforts, il ne faudrait surtout pas qu'Alain gâche ses chances. Alors, cela vaut bien la peine de faire un effort de diplomatie et de se concentrer tout entier vers un objectif dont, tout à coup, il sent qu'il n'a jamais été aussi proche.

Une nouvelle flèche va partir, mais en arc de cercle cette fois, vers le nord-est. Si les choses vont dans son sens, il sent confusément qu'il est préférable de choisir la courbe, plus souple que la ligne droite, et surtout moins péremptoire, moins agressive pour s'approcher de son objectif; la perspective qu'une nouvelle division du secteur de l'Europe du Sud devienne possible mérite bien un peu de rondeur !

Alain se sent à la fois si près du but – d'où la nouvelle flèche vers le nord-est qui relance les possibilités et l'optimisme – qu'il est tout à fait disposé à ne pas brusquer les choses. Il veut éviter non seulement toute allusion à ses déboires passés, et à sa rancœur, mais également tout semblant de satisfaction victorieuse : le triomphe doit être modeste.

*Alain sent qu'il a une chance de l'emporter, qu'il est sans doute en train de refaire surface et de reprendre le dessus, mais il lui faut gagner, en douceur, l'adhésion de son directeur général (*Figure n° 21) :

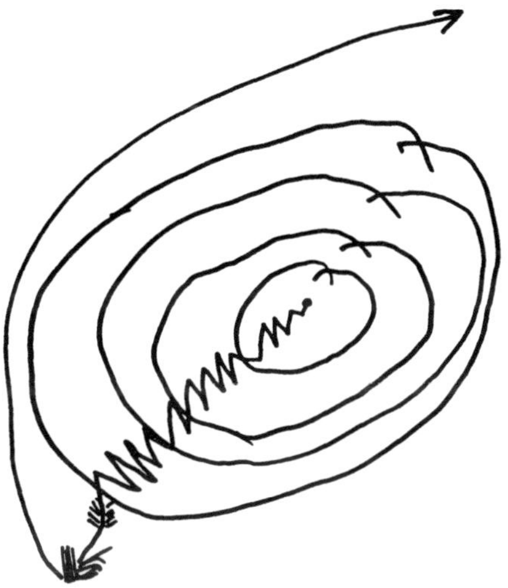

Figure 21

Le feutre se relève du bloc, la voix d'Alain, toujours au téléphone, mais beaucoup moins sur la défensive, plus assurée, vient en appui, par petites touches, pour acquiescer au commentaire du DG, sur les remarques rapportées de Myriam et de José… du moins celles qui viennent conforter le point de vue d'Alain !

DES FORMES TYPIQUES DANS LE GRIBOUILLIS

Le fait que l'on retrouve des formes typiques et récurrentes dans le gribouillis, atteste d'un terreau communautaire quant à l'utilisation par l'extra-conscient atemporel et aculturel de certaines références d'expression. Nous ne reviendrons pas sur le projectivisme.

Notons au passage que le gribouillis serait un autre témoignage, si besoin était, de l'universalité de l'extra-conscient, tout comme la gestuelle ou la graphologie.

Rappelons qu'ici le recensement n'a aucune prétention exhaustive, mais correspond simplement aux constituants du gribouillis les plus fréquemment rencontrés.

Par ailleurs, les significations explicatives données sont celles le plus généralement applicables, c'est-à-dire correspondant au plus grand nombre de cas.

LE POINT *(Figure n° 22)*:

Figure 22

Première manifestation, à la fois puissance initiale de l'auto-affirmation et fin de toutes choses, il peut être le départ d'autres tracés, mais sa fonction réelle est d'être unique.

Certes, on peut le grossir en le noircissant, l'agrandir, mais cela ne change rien à sa destination. Il est fermé sur lui-même et s'autocontient.

Manifestation d'isolement et d'enfermement, il signe souvent l'introversion, mais avec un élément d'orgueil important – le point, c'est l'impact de l'affirmation – qui explique fréquemment son refus d'être engagé : pas besoin d'aller vers les autres, puisqu'ils sont obligés de passer par ce nombril du monde.

Remarquons que l'on peut partir d'un cercle, puis le noircir plus ou moins complètement et l'on aboutit alors à un point *(Figure n° 23) :*

Figure 23

La nuance d'importance est qu'il faudrait analyser pourquoi, et surtout, à la suite de quoi la force de résistance du cercle a vacillé et cédé, pour aboutir à l'isolement orgueilleux.

La répétition de points, un peu comme un piquetage, accentue le caractère obsessionnel de cet orgueil isolé : rien ne compte plus que le moi, il devient impossible de sortir d'un narcissisme négatif : « Je ne sais pas… je ne trouve pas… » *(Figure n° 24) :*

Figure 24

Le caractère fataliste d'une absence d'éclaircie, l'impossibilité ressentie, essai après essai, de progresser se trouve accentué par le lien de ces points entre eux, par les lignes.

À chaque fois on se met en route, mais on revient à chaque fois à soi, et la succession des « nouveaux » départs finit par épuiser nerveusement et psychologiquement *(Figure n° 25) :*

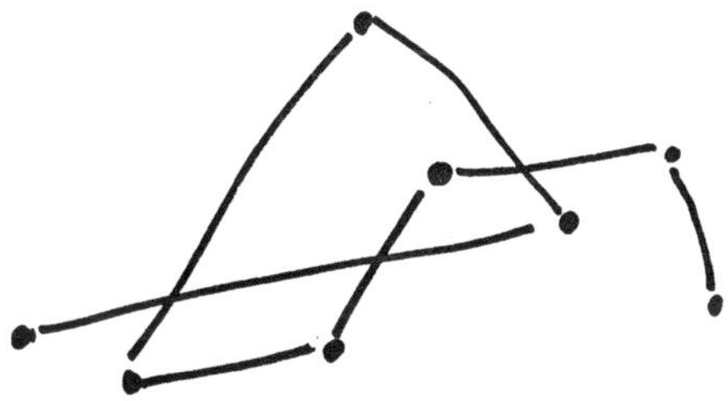

Figure 25

Car précisément on croit engager l'action, mais à chaque nouvelle tentative on retombe sur la fermeture initiale : il faudra retendre l'arc, espérant que cette fois la flèche pourra partir.

LA LIGNE DROITE *(Figure n° 26) :*

Figure 26

Elle est la première manifestation mentale d'activité. Autant le point est statique dans son enfermement, autant la ligne implique la décision d'engager l'action.

Proche du rayon, émanation lumineuse qui se répand, la ligne a une valeur curative par rapport à l'inaction.

La ligne engage un minimum de confiance en soi, et le désir d'aller de l'avant prime, car, à se mettre en route, il peut potentiellement se produire des métamorphoses ; ce qui compte, c'est de faire quelque chose et d'agir, sans trop se préoccuper de l'environnement.

LA LIGNE COURBE *(Figure n° 27) :*

Figure 27

Si de droite la ligne devient courbe, le désir d'aller de l'avant est toujours présent, mais avec un souci supplémentaire de prendre en compte le contexte, ne serait-ce que pour contourner les obstacles que l'on risque de rencontrer.

La ligne courbe apporte un peu plus de sociabilité, mais aussi un souci d'adaptation par rapport à la ligne droite, et par conséquent on peut s'attendre à une démarche en définitive plus souple.

LA LIGNE SINUEUSE *(Figure n° 28) :*

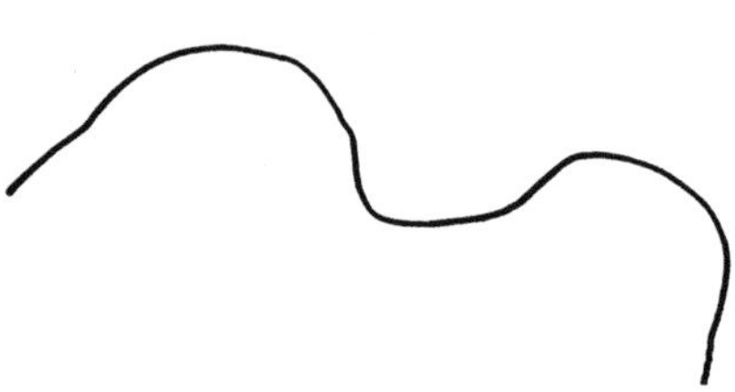

Figure 28

Par contre, si de courbe la ligne devient sinueuse, ce sont l'émotivité et la sensitivité qui prédominent. Toute modification dans l'environnement est perçue immédiatement et peut très bien entraîner une autre orientation.

Les changements de direction impliquent une adaptation sociale beaucoup plus fluctuante et de façon plus générale, une hésitation devant la vie. L'absence de ligne directrice fait que la perception des événements, comme des personnes, demeure beaucoup plus instantanéiste.

Le serpent progresse de la même façon sur le sable, vite, mais en définitive de façon erratique ; ce sont les obstacles du milieu, rencontrés en cours de route, qui l'influencent et finalement vont diriger sa démarche globale.

LA LIGNE ZIGZAG *(Figure n° 29)* :

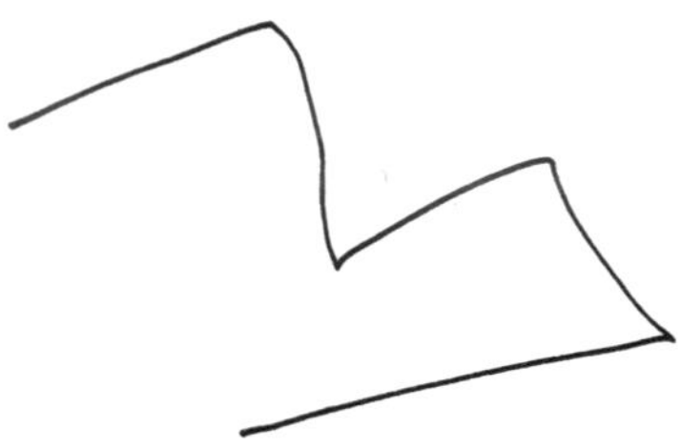

Figure 29

La rupture de linéarité implique une progression plus lente, moins coulée, mais par contre très contrôlée.

Avec ses changements constants d'orientation, on ne va pas droit au but, on veut « assurer » étape par étape ; alors c'est la persévérance, voire l'obstination, pour malgré tout garder le cap, qui l'emporte sur l'assurance et la certitude de la route à suivre, pour atteindre son objectif.

LES PARALLÈLES *(Figure n° 30) :*

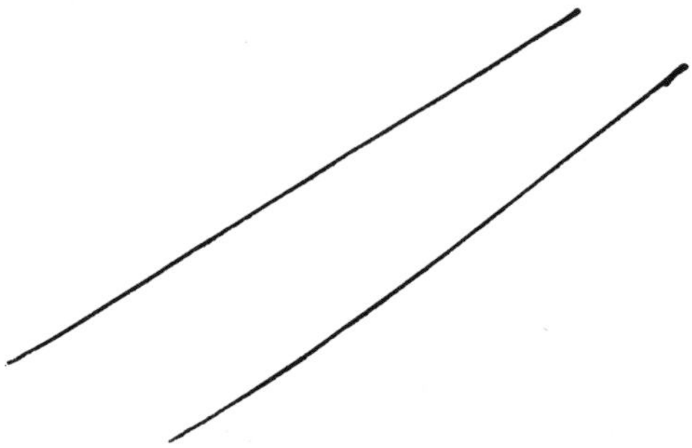

Figure 30

L'activité mentale est présente mais canalisée, comme si l'on tentait d'effectuer le passage conscient/extra-conscient à travers ce tunnel.

Les parallèles impliquent de la méthode, de l'organisation, car il s'agit grâce à cette tour de rétablir rapidement un axe, une orientation primordiale et de s'échapper vers la solution en se laissant littéralement aspirer par l'appel d'air.

ENSEMBLE DE LIGNES PARALLÈLES *(Figure n° 31) :*

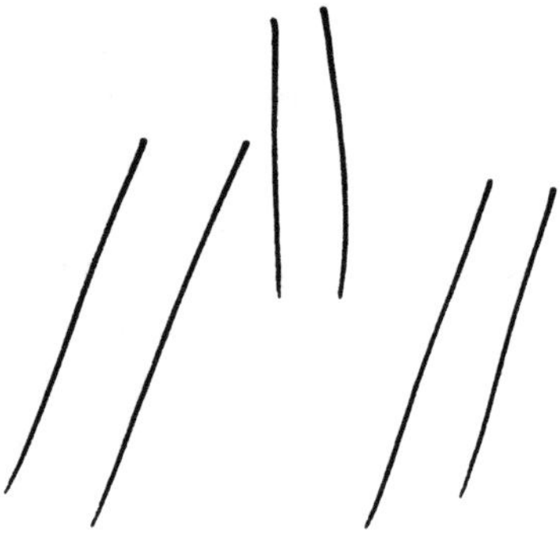

Figure 31

La fréquence de l'activité mentale s'intensifie ; les successions de parallèles signalent la capacité de persévérance de la pensée et de l'observation.

Ces rayonnages protègent l'activité mentale qui ne doit pas être troublée par des interférences. C'est un acte de volonté et de concentration qui peut, par simple adjonction de lignes de plus en plus rapprochées, aboutir à des hachures, ce qui, dans la chronologie d'un gribouillis est très intéressant : cela tend à faire basculer son auteur dans le refus de voir la réalité du problème. Mais comment pourrait-il en être autrement, alors que l'on se retrouve devant différents rails dont on ne sait d'où ils viennent ni où ils vont ?

L'ÉCHEVEAU *(Figure n° 32) :*

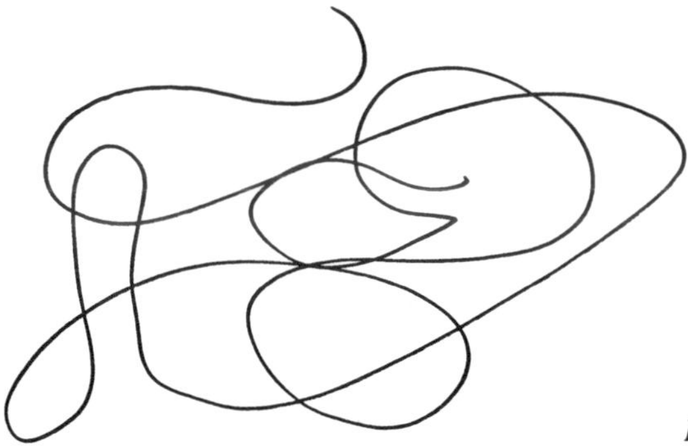

Figure 32

Il signe l'habileté à ne pas être suivi dans les méandres de sa pensée ; le souci majeur de diplomatie et de ruse a pour objectif d'assurer une trajectoire insaisissable, dans laquelle même le Petit Poucet ne pourrait laisser quelques repères afin de retrouver son chemin. Tout est fait pour éviter quelque signe de piste que ce soit, afin d'éviter toute velléité de tenter le déchiffrage d'une telle démarche.

Il est à noter que ce gribouillis peut aussi accompagner un fort sentiment de persécution, qui inciterait à vouloir brouiller les pistes.

Mais il y a fondamentalement l'impuissance à cerner un problème, ainsi que le refus de se positionner devant ce dernier et le désir d'échapper aux risques.

Sorte de labyrinthe flasque, il faut absolument en sortir afin de tenter de poser autrement le problème, sinon l'on va s'y perdre.

LA GRILLE *(Figure n° 33) :*

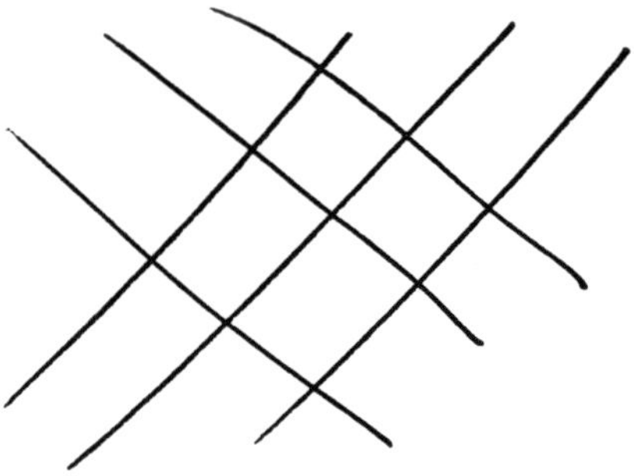

Figure 33

Ce gribouillis montre souvent l'excès d'analyse qui va sécréter une impression d'obstructions et d'empêchements.

Il y a manque de confiance en soi, provenant du sentiment de révolte d'un esprit combatif, mais qui se sent retenu « prisonnier » derrière des barreaux.

Mais les barreaux de cette prison sont imposés, non pas seulement par l'extérieur, comme le croit souvent l'auteur du gribouillis, mais aussi par une anxiété lui faisant croire qu'il ne parvient pas à prendre en compte tous les éléments du problème, ou bien qu'il a besoin d'encore plus d'éléments pour décider du cours de l'action.

L'anxiété augmente avec la surcharge du gribouillis, lequel, de simple grille, peut se transformer en véritable « treillis », et la communication avec l'extérieur devient alors extrêmement difficile et finit par ne plus passer du tout.

LE TREILLIS *(Figure n° 34) :*

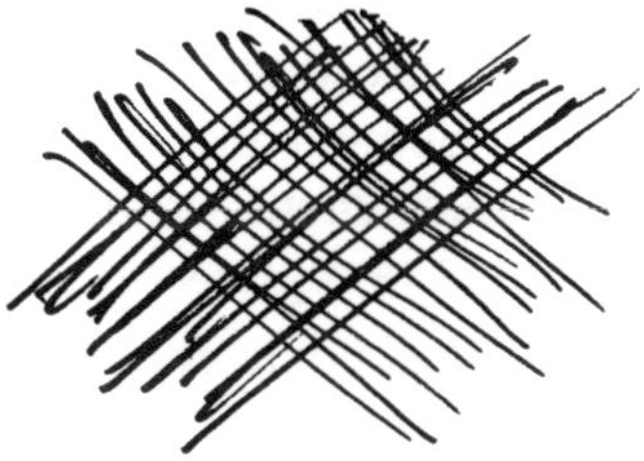

Figure 34

LA SPIRALE

La spirale insiste sur le caractère sensitif et émotif de la démarche. Les conditions sont difficiles et la situation, ressentie comme dangereuse, appelle une protection : alors, quoi de mieux que de se réfugier dans cette coquille ?

La spirale, en général, marque le déroulement de la vie dans le labyrinthe du destin. Cette spirale peut être tracée de deux façons : sinistrogyre, vers la gauche ou dextrogyre, vers la droite.

LA SPIRALE SINISTROGYRE *(Figure n° 35)* :

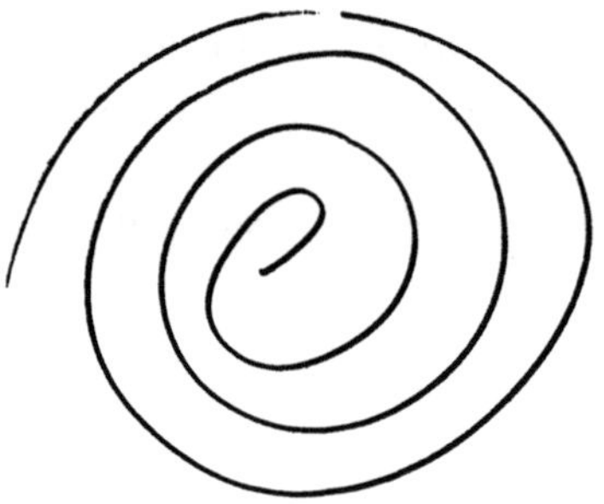

Figure 35

Sinistrogyre – c'est-à-dire dont le mouvement tournant va vers la gauche – l'élément dominant de cette spirale reste une attitude extrêmement prudente, dans laquelle s'alternent l'expansion et la régression.

L'extériorisation n'est pas facile et ce colimaçon rétrograde s'accompagne souvent d'une décision hésitante, par non-intégration de l'opinion des autres, mais aussi de l'influence paralysante et omniprésente du retour vers le passé ; le poids des expériences passées pèse lourdement, hypothéquant les chances d'une vision neuve des problèmes déjà rencontrés. Pour l'instant toute recherche de solution passe, au mieux, par une routine quelque peu figée.

Dans la spirale dextrogyre, au contraire de la précédente, la sensibilité comme l'émotivité s'expriment à travers une sociabilité un peu plus facile.

LA SPIRALE DEXTROGYRE *(Figure n° 36) :*

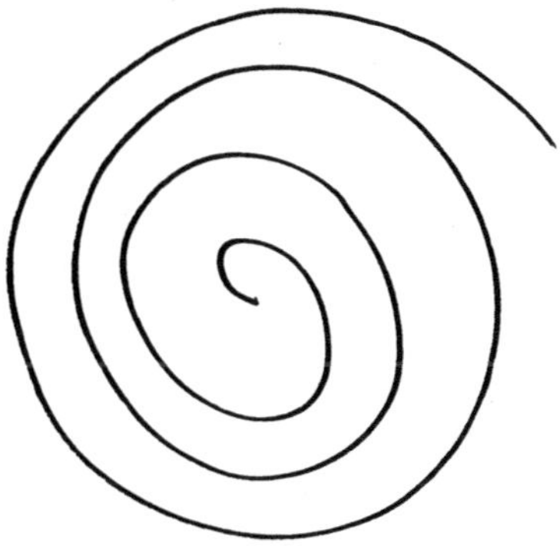

Figure 36

Le besoin de se ressourcer qu'implique ce mouvement d'involution ramène à une compréhension, voire une acceptation des autres : le ruban qui se déroule vers demain, atteste de ce que la solitude ne convient pas ou plus, et la clairvoyance n'est peut-être plus loin.

À noter que dans les deux types de spirales, en fonction de l'emplacement de l'ouverture finale, la prise de contact avec la réalité se fera plus ou moins brutalement, et que l'on tombera de plus ou moins haut.

L'ANGLE *(Figure n° 37) :*

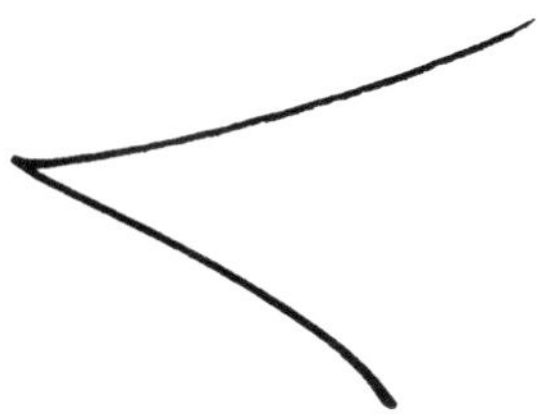

Figure 37

L'angle nécessite beaucoup d'énergie, exprimée souvent de façon rigide, voire brutale, comme un coin enfoncé dans un tronc, car l'insertion dans le monde se fait à coups de butoir, sans patience et avec agressivité. Il implique également une bonne concentration pour guider la pénétration.

Il signale fréquemment un manque de confiance, car protégé par ce soc de chasse-neige, il peut se frayer un passage en force, avec rudesse, et sa brutalité lui permet de conserver un semblant de sentiment d'impunité par rapport aux coups du sort, beaucoup mieux que s'il avançait à découvert. Mais sous la surface la fragilité est présente : cette façon abrupte laisse peu de place aux nuances, peu de place aux interrogations, peu de place à l'empathie, peu de place à l'écoute des autres. Dans l'impact instantané de l'angle, il n'y a pas de place pour le doute : « Affirme-toi ! tu réfléchiras après. »

LES BECS *(Figure n° 38) :*

Figure 38

Ils se présentent souvent en combinaisons de petits angles, ouverts aux diverses influences ; ils montrent une concentration particulière sur le problème immédiat, à l'exclusion de toute autre considération. Tout ce qui compte c'est l'envol de ces volatiles, en espérant que l'un ou l'autre se posera sur le bon fil conducteur, vers la solution.

LE HARPON *(Figure n° 39) :*

Figure 39

Certains « becs » peuvent se transformer en harpons, par élongation de l'un ou de l'autre des traits ; on les lance, au risque de les recevoir soi-même, mais avec l'espoir secret que l'un ou l'autre finira par se ficher au bon endroit : « Lançons des piques, il en restera quelque chose ! »

LE RESSORT DÉTENDU *(Figure n° 40) :*

Figure 40

C'est le signe d'une aisance dans le quotidien, d'un caractère placide qui prend son temps, déjà parce qu'il n'est pas très ferme dans sa démarche. L'avantage de son toboggan dans lequel il est un peu ballotté, c'est qu'à chaque courbe il rebondit, s'accordant le temps de souffler et même de rêvasser.

En effet, les mailles lâches du tunnel lui permettent à tout moment de s'évader dans cet ailleurs, tremplin de l'imaginaire, d'échapper un court instant à la direction de sa progression, puis de reprendre mollement son périple : même s'il lui faut le temps, il finit par atteindre son objectif.

LE RESSORT COMPRIMÉ *(Figure n° 41) :*

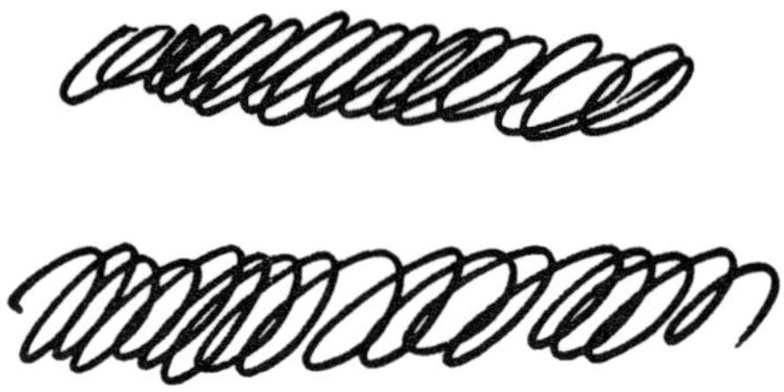

Figure 41

C'est un tourbillon d'anxiété et de tension qui sévit en vase clos ; son auteur est prisonnier de pensées qui tournent en rond et qui n'offrent pas de perspectives de solution, sauf à le contraindre et le forcer vers sa destination.

La compression est telle qu'il n'y a plus de souplesse, plus d'élasticité, et le risque de cassure est loin d'être négligeable, faute de réserves d'élan.

L'ARCHE *(Figure n° 42)* :

Figure 42

Image d'autodéfense, d'une position constamment sur ses gardes, disposant d'un solide autocontrôle, mais qui ne laisse rien filtrer de sa personnalité.

Protégé par ses voûtes, secret, il sort rarement à découvert, sinon à l'abri de son parapluie. Il est difficile de savoir ce que celui qui gribouille pense dans son for intérieur. Il y a tout un monde souterrain sous l'arche, dont on ne sait s'il tient à y puiser matière.

Son objectif est d'une part la conservation, et d'autre part, la possibilité de préparer un nouveau départ, mais sans que l'on puisse savoir sur quelles bases : il tient plus que tout à ses secrets.

LA GUIRLANDE *(Figure n° 43)* :

Figure 43

Là, c'est tout le contraire. C'est la réceptivité, l'ouverture d'esprit, mais qu'accompagne aussi un manque de fermeté dans la conviction.

À force d'être disponible pour tout recevoir, d'être constamment ouvert aux influences successives, le tri ne s'opère plus, remettant souvent en question le choix final, le repoussant en fonction du dernier qui a parlé.

Le gribouillis est donc facilement influençable par l'air du moment, ou par une forte personnalité. Mais son objectif essentiel n'est-il pas le ralliement ? Ne souhaite-t-il pas avant tout recueillir les opinions de tous, rester ouvert à toutes les suggestions ? Il est peu enclin à trancher, ou à sortir de sa vasque.

LA CROIX *(Figure n° 44) :*

Figure 44

Selon sa position, la croix peut aussi ressembler à un X (figure de droite).

Nous n'entrerons pas ici dans tous les aspects du symbolisme très riche de la croix, au sens général du terme, avec les multiples connotations fondamentales de la conjonction de l'axe vertical et de l'axe horizontal.

Si nous restons dans le cadre strict du gribouillis, la croix est un signe favorable, protecteur, censé écarter le mauvais sort, la malchance, le malheur.

Faire des croix revient à s'en remettre à une puissance extérieure pour parvenir à une solution. Avec la croix en X, on s'efforce de multiplier les appels à cette puissance extérieure : l'objectif est fondamentalement de conjurer le mauvais sort ; souvenons-nous des doigts croisés, des couteaux plantés en croix, ou des balais placés en croix, voire de l'utilisation du signe de croix.

LE CARRÉ OU LE RECTANGLE *(Figure n° 45) :*

Figure 45

L'un comme l'autre accompagnent une vision pragmatique des choses ; avec l'aspect rigoureux de l'enfermement qu'ils opèrent, ils ne sont pas ouverts au changement.

C'est un signe d'organisation, qui s'appuie également sur un fort élément de stabilité, pour ne pas dire de statique. L'introversion et le souci de protectivité ne laissent que peu de chances à l'influence.

Mais c'est tout de même la marque de l'esprit pratique, qui possède les clés de la construction concrète, il s'y tient, sans pouvoir vraiment se détacher de l'aspect strictement matériel des choses.

Il peut arriver que ces carrés ou rectangles soient eux-mêmes contenus dans un autre encadrement, carré ou rectangulaire : c'est l'aveu d'impuissance, d'un sentiment de frustration qui se retrouve coincé et aspire à une sorte de recherche fataliste de sécurité, comme un double vitrage devant la vie *(Figure n° 46) :*

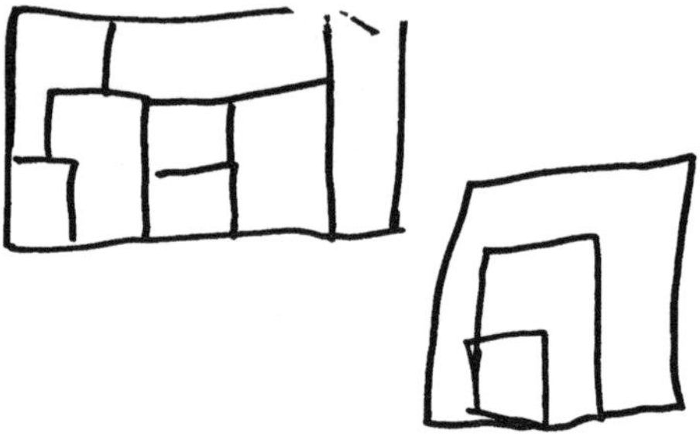

Figure 46

La recherche de solution en pâtit, c'est, au delà de la frustration, le fatalisme de celui qui se trouve pris au piège, et qui à force de fermer les portes ou de les laisser se fermer, à force de monter des cloisons, n'escompte plus sortir, ni s'en sortir.

L'ÉCHIQUIER *(Figure n° 47) :*

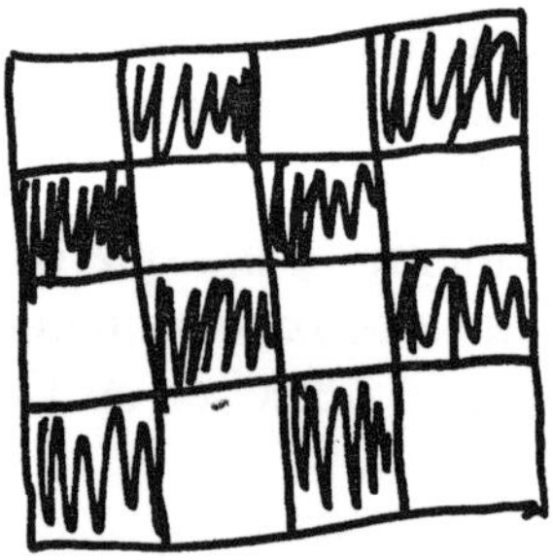

Figure 47

Les carrés peuvent se trouver assemblés sous une forme plus régulière de damier, ce qui implique des forces contraires pouvant s'opposer dans la lutte pour la vie.

On pense évidemment au modèle particulier de damier que constitue l'échiquier ; ses cases noires et blanches symbolisent le combat de la lumière et des ténèbres ; bon exemple de dialectique avec l'ombre, avec l'extra-conscient.

Jouer aux échecs est une démarche complexe, aux règles strictes, qui exige de perdre des pièces, donc de faire des sacrifices et de prendre des risques.

C'est le jeu du destin, car le choix de chaque coup est déterminant et irréversible : une pièce touchée est une pièce jouée. Seuls s'y engagent ceux qui ont la maîtrise de leurs motivations et qui acceptent ce combat. Le chevalier du *Septième Sceau* de Bergman jouant, jour après jour, sa vie aux échecs avec la mort pour adversaire en sait quelque chose !

LE TRIANGLE *(Figure n° 48) :*

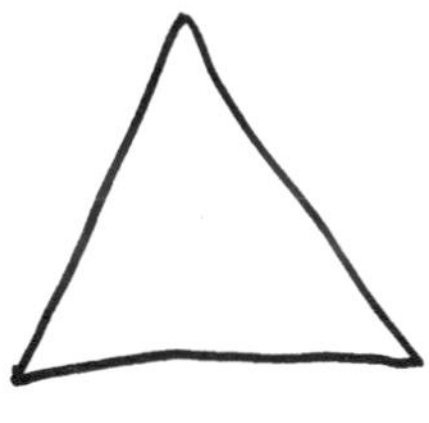

Figure 48

C'est le signe d'une attitude indépendante, à personnalité forte, centrée sur l'activité et la réalisation, toutes deux abordées avec perspicacité.

L'ambition est élevée : il s'agit de rétablir l'équilibre parfait, l'harmonie, en progressant avec l'énergie d'un boomerang lancé dans l'univers.

LE CERCLE *(Figure n° 49) :*

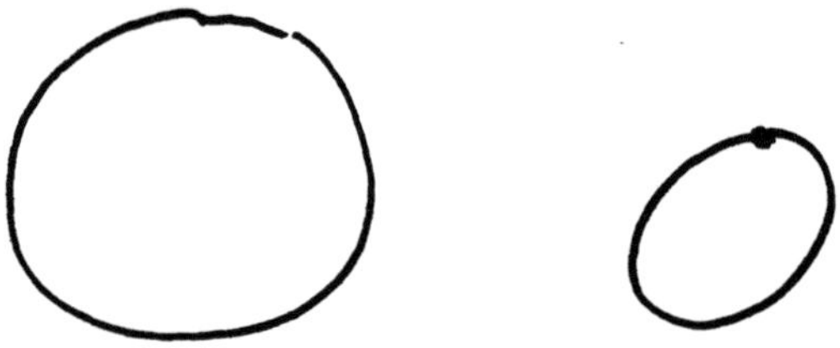

Figure 49

L'idée dominante reste un comportement égocentrique, statique, qui n'offre pas de prise au monde extérieur ; tout glisse.

Le gribouilleur est quelqu'un qui vit sur son stock d'acquis, sans manifestation particulière d'un désir d'expansion. Les autres comme les événements sont abordés de façon passive, car ils ne gênent pas une solide force de résistance.

Comme toute forme enveloppante, le cercle apporte la sécurité et la protection.

Mais c'est aussi la perfection enclose, car le cercle a atteint son expansion ultime ; il ne peut aller au-delà sous peine d'éclater. Son auteur a touché un modus vivendi optimal. Son approche du monde s'équilibre parfaitement avec les pressions du monde sur lui.

L'OVALE *(Figure n° 50) :*

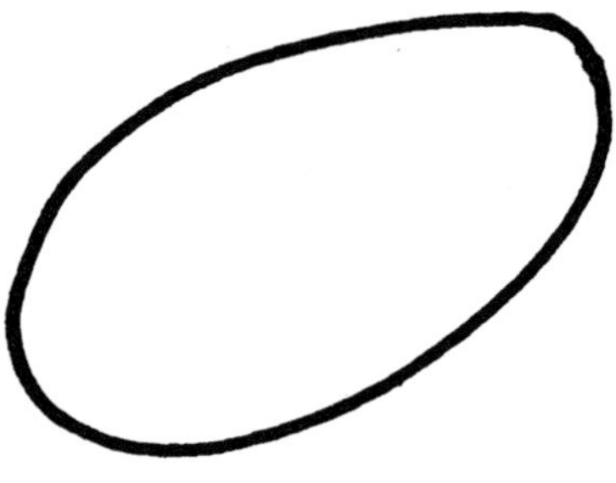

Figure 50

Il montre déjà un simple resserrement des traits précités pour le cercle, et donc un certain écrasement de l'égocentrisme qui devient moins ostentatoire et moins provoquant, mais aussi moins résistant.

La part d'influence est un peu plus présente, et comme la coquille de l'œuf se fêle facilement, l'ovale demeure vulnérable et fragile.

Précisément l'ovale est proche de l'œuf, le germe de vie, à partir duquel se développera toute manifestation.

L'ovale sous-entend un potentiel de créativité mais qui ne resurgit que par phases.

LES ANNEAUX *(Figure n° 51)*:

Figure 51

L'anneau isolé témoigne d'un vœu, cercle magique de ce qui dure ; c'est souvent un rappel d'engagement.

LA CHAÎNE *(Figure n° 52)*:

Figure 52

La structure combinée insiste sur le tempérament conséquent d'une logique et d'une démarche déductive, un peu gratuite, dans la mesure où la qualité du processus de la démarche prime sur la finalité et le résultat à atteindre.

Les idées s'enchaînent mais n'aboutissent pas forcément à une solution, mais en cherche-t-on vraiment une ? Ne s'agit-il pas plutôt de la satisfaction d'un raisonnement infaillible de logique qui serait en fait recherchée ?

L'ASTÉRISQUE *(Figure n° 53) :*

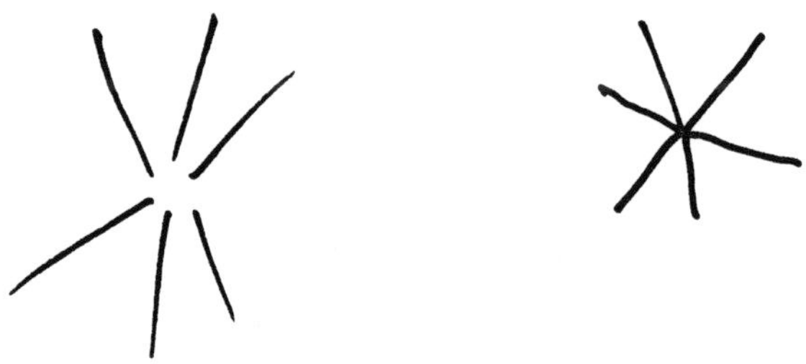

Figure 53

Avec ses rayons s'étoilant autour d'un centre dont ils émanent, l'astérisque appelle l'imagination d'un feu d'artifice.

Il y a un désir d'expansion, mais aussi une volonté d'irradier : libre de préjugés, on est prêt à exploser dans toutes les directions.

Bien sûr, il y a d'une part le risque d'éclatement, car une fusée peut n'être qu'un pétard, et d'autre part, le risque de dispersion à force de vouloir irradier.

Le risque de dispersion sera, lui, d'autant plus important que le centre reste ouvert (comme sur la figure de gauche).

Au contraire, les rayons se touchant vont fermer le centre (comme dans la figure de droite), et accentuer l'image d'une analyse systématique, verrouillée, mais également d'une organisation sans faille.

LA FLÈCHE *(Figure n° 54) :*

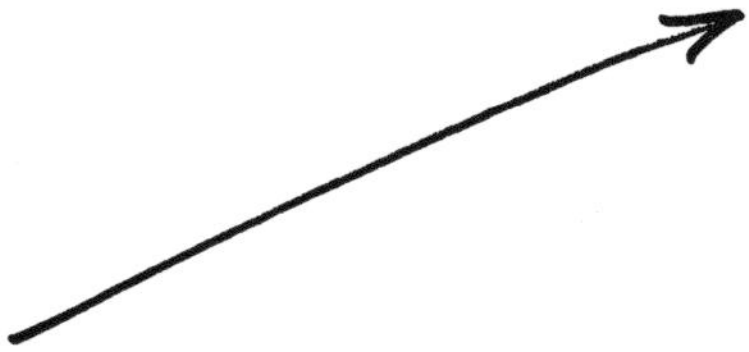

Figure 54

La flèche dénote un esprit calculateur, facilement agressif du fait de son attitude combative, jusqu'à se montrer cruel ; il y aura pénétration et par conséquent se décèleront également des difficultés sous-jacentes d'adaptation sociale.

Il faudra non seulement se reporter au symbolisme spatial pour en interpréter la direction, mais également tenir compte de l'orientation générale de cette flèche.

Repartant du centre vers la périphérie, c'est signe de contraction, voire de régression, donc d'une agressivité installée et guère modifiable.

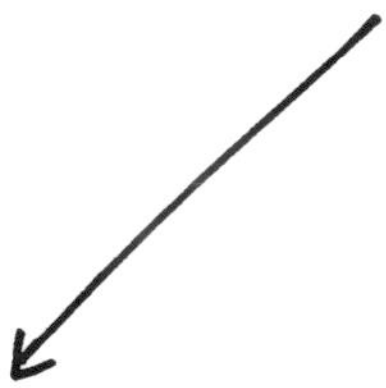

Figure 55

Partant du centre vers la périphérie, c'est au contraire l'expansion d'une agressivité qui rebondit à chaque instant et s'alimente de ses propres attaques.

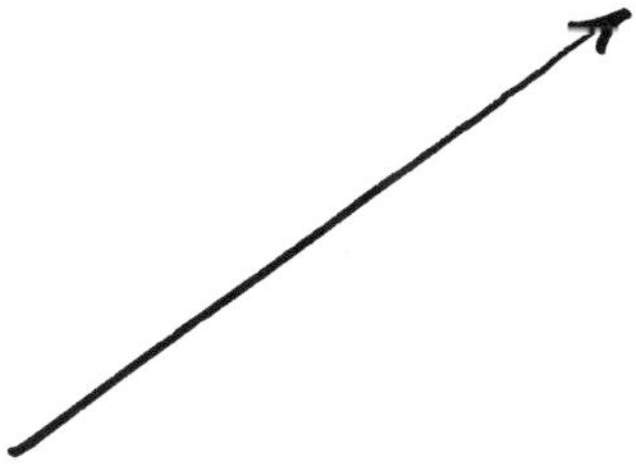

Figure 56

La flèche, en s'affranchissant de la distance et de la pesanteur, reste une anticipation de la conquête par l'atteinte espérée de sa cible.

Enfin, si l'on veut encore plus affiner l'interprétation, il faudra observer la pointe de la flèche. Toute surcharge du trait en augmentera la force de pénétration ; quant à l'empennage, son importance, par des traits augmentés ira de pair avec un accroissement de sa portée et donc de sa puissance.

De toute façon, plus il y a surcharge de traits, plus on passe de temps sur cette flèche, et plus on accentue la force du message qu'on lui transmet *(Figure n° 57) :*

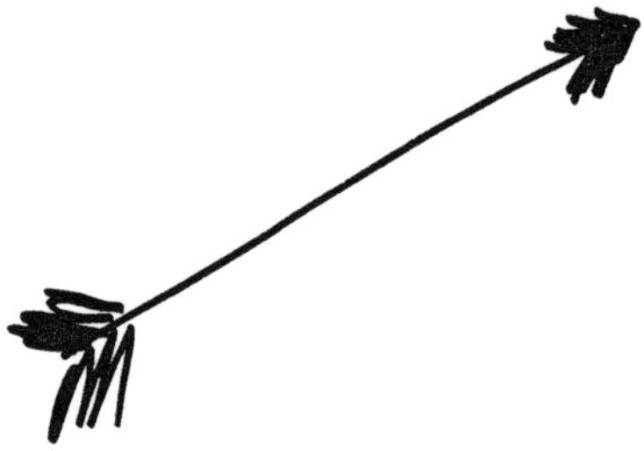

Figure 57

LE NUAGE *(Figure n° 58) :*

Figure 58

Il exprime l'imagination mais aussi la rêverie. Bien sûr, cela manque d'énergie et d'activité intentionnelle : ce peut très bien être un moyen de se masquer la réalité, voire de la refuser.

C'est plus une disposition d'attente, qui au mieux, permet d'avancer masqué, sans vraiment avoir besoin de révéler sa stratégie et surtout ses intentions à long terme.

Le nuage fait écran : il masque le soleil mais contient également des réserves de pluie. Au-delà de la préoccupation et du souci, il y a tout de même le potentiel de métamorphose qui peut survenir et reste prédominant ; mais on l'espère plus qu'on ne fait quoi que ce soit pour que cette métamorphose se concrétise.

Le soleil pourrait apparaître dispensant sa chaleur, tout comme l'eau de pluie contenue dans le nuage pourrait déverser ses bienfaits de vie.

LES DENTS DE SCIE *(Figure n° 59)* :

Figure 59

Elles montrent non seulement de l'agressivité, mais aussi un sentiment d'hostilité ; il y a peu de chances d'amélioration ou d'ouverture.

Ces dents de scie vivent et se nourrissent de leur propre ressentiment général ; elles tranchent dans le vif et déchiquettent les obstacles qu'elles rencontrent. L'orientation de la dentelure est intéressante pour mieux comprendre vers qui ou quoi se dirige prioritairement leur hostilité.

LA TOILE D'ARAIGNÉE *(Figure n° 60) :*

Figure 60

L'égocentrisme est présent. La préoccupation centrale est le moi, avec un fort désir d'élargir son champ d'influence ou, à défaut, son champ de vision.

Mais le but est toujours de gagner en prééminence, en influence, car pour passer il faudra bien tenir compte de cette toile d'araignée qui barre le passage. Gare à celui qui, malgré tout, va s'obstiner, s'y engager et s'y engluer.

C'est un bon moyen de jeter son dévolu sur une situation, afin que le moindre mouvement soit perçu, enregistré, et que l'on puisse à partir de là neutraliser l'un ou l'autre. Il s'agit donc bien d'une progression prédative, qui se met en place, se nourrissant des autres.

L'ÉCHELLE, L'ESCALIER *(Figure n° 61) :*

Figure 61

Il faut observer si l'escalier descend ou monte – cas le plus fréquent – correspondant dans ce cas à un réel désir d'ascension.

Mais l'élément important réside dans le fait que c'est l'expression d'un passage programmé en étapes organisées : tout se fait par degrés, chaque chose en son temps.

Le graffiti représente ainsi une voie de communication à risque, car elle est à double sens : certes on peut s'élever, grimper à un autre niveau, mais aussi dégringoler. Il faut apprendre où poser ses pieds, assurer son équilibre, prévoir aussi, en cas de chute, à se recevoir sans trop de casse.

LES COUPS DE BECS *(Figure n° 62) :*

Figure 62

Nous ne sommes pas loin du « piquetage » des enfants et on retrouve la notion de dynamisme, qui s'exprime d'abord pour exercer sa force, mais avec une impatience sous-jacente et donc peu de retenue.

Attention ! les coups de becs contre la fenêtre peuvent attirer l'attention, mais risquent aussi de casser la vitre si leur rythme et leur force ne sont pas contrôlés et dosés.

LES HACHURES *(Figure n° 63) :*

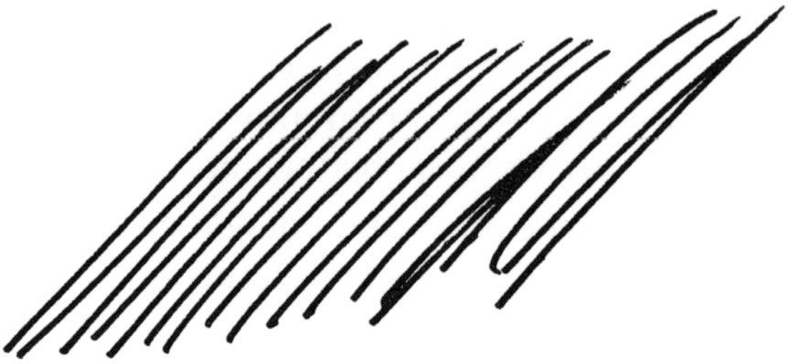

Figure 63

Il y a volonté de masquer pour ne plus voir, de rayer – si les hachures sont assez denses – ce que l'on voudrait oblitérer, que ce soit une personne ou une situation.

Les hachures peuvent être passées et repassées, au point de devenir noires, ce qui ne fait qu'accroître la volonté quasi obsessionnelle de faire sortir de son champ visuel – donc de son esprit – l'élément qui a été hachuré.

LE LOSANGE *(Figure n° 64) :*

Figure 64

C'est un carré déformé, étiré ; on déforme la réalité concrète (le carré) pour accommoder sa vision des choses.

La trituration de la réalité concrète fait rechercher l'entrée pour pénétrer dans un autre monde, souvent souterrain, dans lequel la logique n'a plus sa place. Mais pour cela il faut évidemment que l'ensemble ne soit pas totalement clôturé et qu'il y ait quelque part dans le losange une ouverture qui puisse servir d'entrée.

LE NŒUD *(Figure n° 65) :*

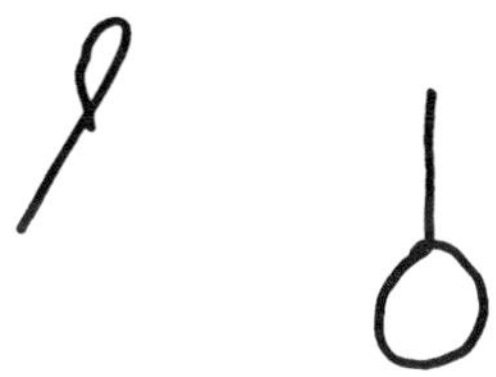

Figure 65

Réflexe d'autodéfense, amulette qui peut servir de nœud coulant, que l'on peut fermer, comme le ferait un lacet pour piéger une proie.

Il va de pair avec une attitude impliquant une disposition figée, attentiste. En le dénouant, on pourra retirer ce que l'on a pu attraper, et avec un peu de chance on connaîtra la délivrance de la solution. Mais quelle patience pour attendre que le lièvre se prenne dans le collet.

Avertissement
Au cours de ce rapide survol, nous avons délibérément laissé de côté des formes plus rares, mais essentiellement tout ce qui se rapporte ostensiblement au dessin : arbres, fleurs, silhouettes, visages, etc. pour les raisons évoquées et expliquées pages 25 et 26.

QUELQUES INTERPRÉTATIONS DE GRIBOUILLIS AU « DÉBOTTÉ »

C'est volontairement que nous avons eu recours à cette expression quelque peu vieillotte, « au débotté ».

L'idée était de présenter des interprétations faites sur le tas, improvisées, sans grandes possibilités de références.

Non seulement nous n'étions pas présents quand ces gribouillis furent effectués, mais en plus c'est tout juste si, parfois, nous avons pu savoir si leur auteur était une femme ou un homme.

Nous avons, encore plus rarement, obtenu l'approximation de leur âge. Par conséquent nous avons dû travailler un peu en aveugle, dans la méconnaissance d'autres éléments biographiques.

Alors, quel est l'intérêt de ces quelques exemples ?

Il s'agit de montrer ce que, a minima, le gribouillis peut révéler. Donc véritablement d'interprétations « plancher », forcément succinctes par rapport à d'autres, plus exhaustives, que l'on trouvera plus loin.

EXEMPLE 1 : homme, la trentaine – *(Figure n° 66) :*

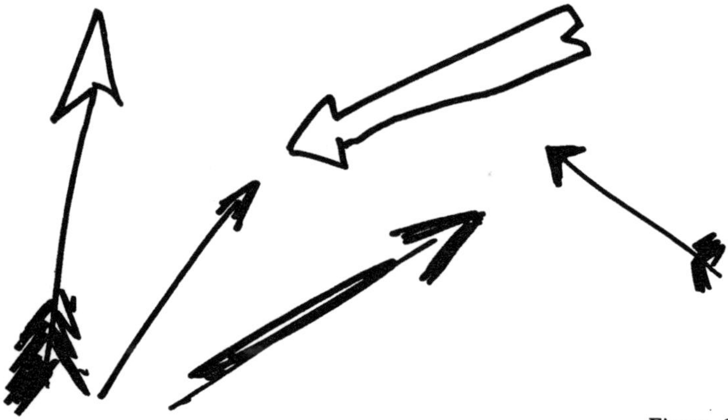

Figure 66

Un fouillis de flèches, certaines noircies, d'autres simplement tracées qui foncent vers d'autres flèches, lesquelles partent dans des directions diverses, sans nous permettre de déterminer une direction dominante.

Certaines flèches sont pesantes, renforçant l'image de force déployée.

Véritable débauche, tous azimuts, d'énergie agressive ; on fonce, un peu comme le taureau devant lequel on agite un chiffon coloré, qui s'arrête net et fonce dans une autre direction, avec semble-t-il, pour seul objectif, d'agir, de foncer, de décocher ses traits, sans cible bien précise.

EXEMPLE 2 : homme – *(Figure n° 67) :*

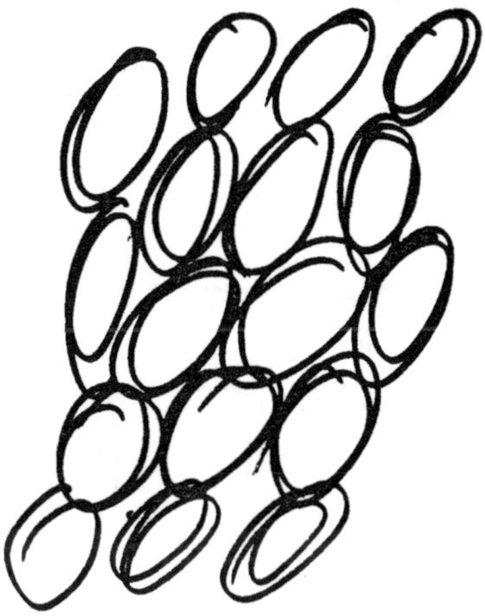

Figure 67

Cette allée de pavés, ou plus exactement de galets, faite d'ovales annelés, bien fermés, aux traits plusieurs fois repassés, étale son univers clos dans une sombre ascension.

Le chemin est d'autant plus ardu qu'on ne décèle pas la moindre lueur d'espoir de voir un peu du monde extérieur y pénétrer.

Le chemin monte vers le haut, on n'attend rien des autres. Seule la lumière de la lucidité, espérée passivement, car l'on ne fait rien pour l'atteindre, sauf en rêves, pourrait apporter un semblant d'illumination.

La synthèse n'est pas au rendez-vous, tout s'ébauche sous formes de bulles isolées.

EXEMPLE 3 : femme – *(Figure n° 68) :*

Figure 68

Voilà un exemple limite, entre le gribouillis et le dessin puisqu'il y a deux éléments, vers le haut, qui sont de vrais dessins.

La figure trace un mur, enceinte protectrice, censée clore l'univers et éviter qu'on y pénètre, mais les scellements sont lâches, et il se peut que dans le bas, en particulier, il existe un minimum d'échanges, sur le plan matériel et pratique.

Par contre dès que l'on arrive vers le haut, les pierres sont bien rapprochées et ne laissent plus de passages. Un soleil brille vers la droite, aspiration à plus de chaleur et de vie.

Quant à la curieuse forme sur la gauche, fausse fleur ou vraie étoile de mer, elle présente autant de nœuds coulants prêts à prendre au collet ; dans cette zone des appréhensions (*cf.* schéma de symbolisme appliqué, p. 46), il reste encore de nombreux événements qui n'ont pas été dénoués. L'ensemble est assez écrasé et manque d'élan vers le haut : ce n'est pas encore demain que la femme va s'ouvrir et se donner du champ !

EXEMPLE 4 : femme de 25-30 ans – *(Figure n° 69) :*

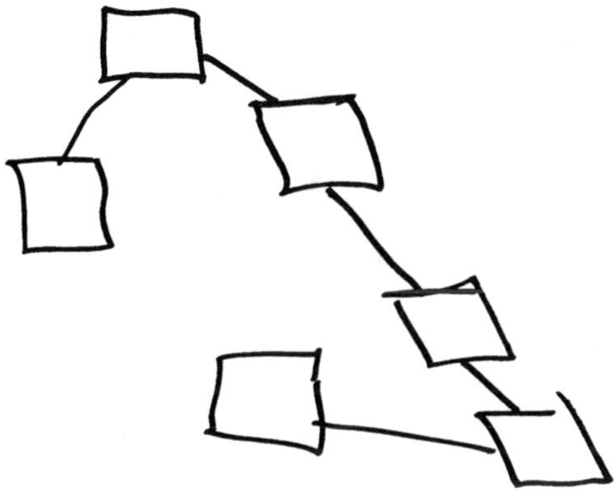

Figure 69

Curieuse chaîne d'arpenteur faite de carrés : obstination de la femme pragmatique qui sait d'où elle part et où elle va.

Elle a déterminé six problèmes formant à chaque fois un tout. Rien ne la fera renoncer à en faire le tour, pour chacun, individuellement.

Tout cela se fait dans une certaine rigidité et il n'est pas sûr qu'elle attende beaucoup de l'intervention et des conseils des autres.

Ses dispositions sont déjà prises. De fait, elle arpente son jardin de vie comme elle l'a toujours fait, sans intention de changer grand chose ni à ce qu'elle a toujours pensé ni à sa façon de procéder.

EXEMPLE 5 : femme – *(Figure n° 70) :*

Figure 70

L'aspect floconneux des nuages ne peut pas faire oublier les flèches, même si la seconde est presque totalement cachée par le nuage.

La première flèche transperçait un peu, mais elle a réajusté le tir pour la seconde, la masquant davantage et ajustant d'un peu plus bas, mais la cible est bien la même : le but qu'elle s'est fixé dont rien, en définitive, ne la détournera.

Sous des dehors adoucis, elle conserve son agressivité, mais en quelque sorte masquée. C'est seulement quand on se sentira transpercé que l'on comprendra que l'on s'est fait avoir : la chasseresse sait progresser à couvert…

EXEMPLE 6 : homme, la cinquantaine – *(Figure n° 71) :*

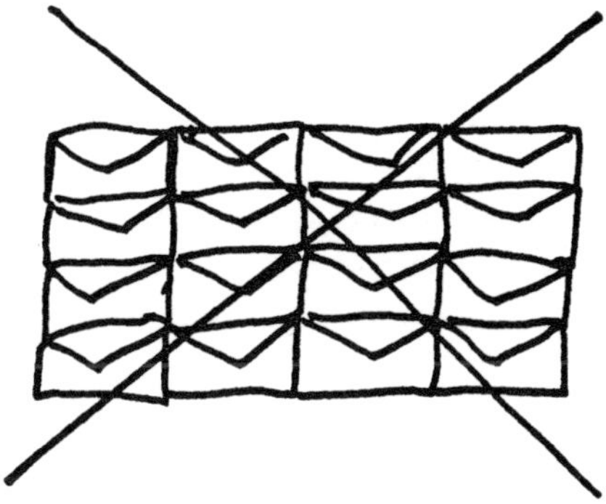

Figure 71

Voici un exemple de « gribouilleur », sur lequel nous disposons quelques fragments biographiques.

L'homme en question est, nous l'apprendrons, un chômeur de longue durée, qui, bien entendu, souffre de sa situation de plus en plus précaire, au fur et à mesure que le temps s'écoule.

Bien sûr, cette information a aidé à l'interprétation de son gribouillis.

Il faut ajouter que ce gribouillis n'était pas nouveau chez lui et qu'il le répétait inlassablement dès qu'il disposait de papier et de temps, le créant bien sûr machinalement.

Le mur d'enveloppes, empilées soigneusement, est impressionnant. Cela représente son univers exclusif, quasi obsessionnel, derrière lequel il semble littéralement se barricader.

Il s'agit sans conteste de ses lettres de candidatures, nombreuses, toutes standardisées, car il veut le faire selon les normes exigées (les rectangles l'y aident). Toute son énergie, toute son attention, sont entièrement dédiées au respect des conseils qu'on lui a prodigués : pour lui, rien d'autre ne compte depuis longtemps.

Comme il n'obtient pas de réponses positives, il essaie encore et encore. Et puis, il faut noter cette gigantesque croix qui intervient comme un multiplicateur : il faudra envoyer encore plus de lettres.

Las, déprimé, il s'efforce aussi, par ce signe de croix, de conjurer le mauvais sort, espérant on ne sait quelle intervention magique qui apporterait une solution à sa quête.

L'enfermement chaîné des rectangles accentue le caractère obsessionnel de ce gribouillis, son extra-conscient a fini par être obnubilé par son unique objectif : la recherche d'emploi.

Exemple 7 : homme – *(Figure n° 72) :*

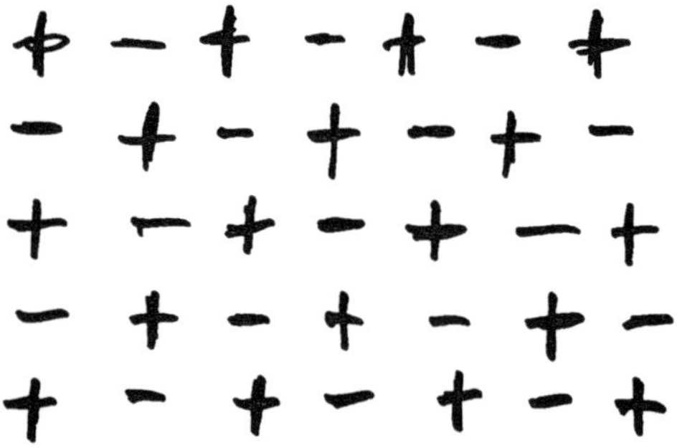

Figure 72

Curieux damier de plus et de moins. L'image dominante est celle du doute entre oui et non, entre l'intention d'agir et l'écrasement inactif du seul axe horizontal.

Bien sûr, ce doute s'appuie sur un sentiment profond d'impuissance. Observons comme la disposition – véritablement en damier – annihile tout espoir. À chaque plus (+) répond un moins (–), il ne s'agit donc pas d'accidents de parcours, mais bel et bien d'une disposition. L'approche de la vie de cet homme s'opère sur un rythme de samba, un pas en avant, un pas en arrière.

Il se rend compte et accepte la confrontation, mais il en retire finalement un fatalisme quasi arithmétique : l'acte est totalement inévolutif.

Le test du gribouillis

Malheureusement, on ne dispose pas toujours de gribouillis spontanés. Et il est encore plus difficile de pouvoir assister à l'élaboration complète d'un gribouillis. Si bien qu'au mieux, on ne peut que compter sur l'analyse a posteriori de l'auteur du gribouillis, qui va tenter, avec plus ou moins de fiabilité, de se souvenir des circonstances, de la chronologie et des conditions d'élaboration de son gribouillis. On se retrouve devant la même situation que celle d'une personne qui, une fois éveillée, tente, avec plus ou moins de précision et par conséquent de fiabilité, de relater son rêve.

Mais heureusement il existe un véritable test du gribouillis, dont l'objectif est de *provoquer* un gribouillis.

S'il est peu pratiqué c'est qu'il exige une bonne connaissance du symbolisme, une observation soutenue, beaucoup d'intuition et de perspicacité, mais surtout, tare des tares, son décryptage est long !

À une époque avide – parce que pressée ! – de résultats standardisés, répertoriés, ultra simplifiés, primaires, à réponse unique, voire monosyllabiques, rien dans l'air du temps n'incite à l'utiliser.

Il présente pourtant de nombreux avantages : simplicité de la passation et richesse potentielle de révélation, en regard d'une quasi improbabilité de trucage. On n'apprend pas à passer le test du gribouillis, car plus encore que d'autres tests projectifs, il ne comporte pas de bonnes réponses. De plus, comme il est rarement utilisé et diffusé, qu'il n'a pas bénéficié de publicité, on ne peut que l'aborder avec innocence.

Protocole de passation

Il faut une feuille de papier.

De format A4, de préférence, parce que celui-ci autorise déjà un bon espace pour effectuer un gribouillis, et, parce que ce format A4 étant d'usage courant, nous place en face d'un support dont les dimensions nous sont familières.

Cette notion est importante, car comme pour tout test projectif, il est souhaitable que la personne testée se retrouve dans un environnement à la fois familier et rassurant.

On peut utiliser la feuille comme on le souhaite, soit en format à la française **(A)**, soit en format à l'italienne **(B)**.

(A)

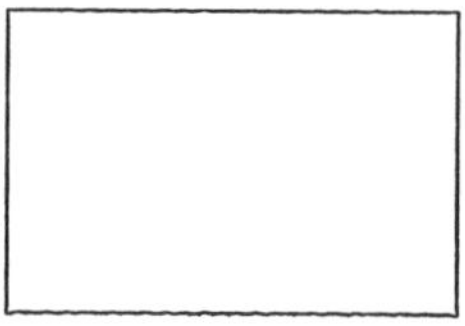

(B)

On demande simplement à la personne testée d'écrire au centre de la feuille son prénom et son nom. Le choix du stylet (crayon, plume, bille, etc.) est libre.

Quand on fait passer le test à un enfant – à qui il s'adapte très facilement même lorsque celui-ci est très jeune, puisqu'on l'a vu, le gribouillis apparaît très tôt dans les étapes de sa vie –, deux modifications peuvent intervenir par rapport au protocole déjà présenté.

Il est préférable, dans ce cas, de s'en tenir au seul prénom comme indication centrale, à moins que l'enfant manifeste expressément le désir d'ajouter son nom. En effet, l'usage fait que son nom patronymique lui est moins familier, du moins quant à l'intégration dans son comportement quotidien : on l'appelle le plus souvent par son prénom.

L'autre modification concerne les outils. Il peut être intéressant de mettre à sa disposition des crayons de couleur et de lui permettre d'en changer en cours de gribouillage, sans qu'il s'agisse pour autant d'une obligation, bien entendu.

De même, il est tout aussi important de laisser l'enfant déborder sur du dessin, la frontière étant pour lui, on l'a vu, moins nette.

Tout ceci ne peut qu'enrichir l'interprétation symbolique à partir des couleurs et du dessin, interprétation qui viendra s'ajouter à celle du gribouillis à proprement parler, et la compléter.

Le protocole d'instructions doit mentionner que l'on peut démarrer du prénom et/ou du nom, ou encore de n'importe quelle partie de la feuille.

On peut incorporer le nom et/ou le prénom au gribouillis, ou l'ignorer.

Enfin, il faut insister sur le fait que la durée du gribouillage est libre, longue ou brève, indifféremment; il ne faut pas que le gribouilleur s'imagine qu'il faille « tenir » le plus longtemps possible, faussant ainsi la spontanéité de son gribouillis.

Par contre, pour le « testeur », l'observation doit être rigoureuse et constante, car il faut, discrètement certes, pour ne pas gêner l'auteur du gribouillis en train de l'exécuter, noter et conserver en mémoire toute la chronologie du gribouillis.

Il faut enregistrer le point de départ, l'arrêt, les changements de direction, les changements de motifs, les éventuelles pauses, les hésitations, les reprises, les surcharges, et être ainsi à même de reconstituer le geste dans son ensemble pour l'interprétation.

Le test du gribouillis en auto test ?

On peut, et ce n'est pas le moindre de ses avantages, tenter de faire un gribouillis pour soi-même.

Un peu comme dans un exercice d'écriture automatique, il s'agit de formuler à haute voix un problème qui nous préoccupe : « Qu'est-ce que je vais répondre à l'invitation d'Albert pour ses vingt-cinq ans de mariage ? »

À partir de là il faut laisser sa main gribouiller, sans chercher à la diriger, la contrôler, ni surtout réfléchir à ce que l'on va gribouiller, mais au contraire laisser courir sa main.

L'essentiel est de parvenir à se vider l'esprit, à se mettre en roue libre par rapport au conscient. Certains y arriveront plus facilement en fermant les yeux, d'autres en induisant un état de rêverie éveillée.

C'est dire aussi que le choix du moment est capital.

Le relâchement musculaire, souvent inducteur de détente, un doux balancement d'avant en arrière, le fait d'abaisser les paupières afin d'avoir des yeux mi-clos, l'effort conscient et volontaire de ne pas penser peuvent aider à la nécessaire mise en condition. L'important est de trouver « sa » méthode d'accès et de la développer par la pratique.

Une fois que l'on se sent prêt, c'est-à-dire à peu près vide, on peut se mettre à gribouiller, le plus machinalement possible.

Quand l'inspiration graphique ne vient plus, quand le ruban ne déroule plus, alors il faut arrêter.

Il ne faut pas s'attarder sur le gribouillis terminé ; on va par contre inscrire au dos la date et si possible la question posée, mais c'est tout. Il n'est pas question de tenter de l'interpréter dans la foulée, il faut réserver cela pour un autre moment, s'il n'y a pas d'urgence particulière. Il est souhaitable de laisser un certain temps s'écouler entre le tracé du gribouillis et la tentative d'interprétation : disons par exemple une nuit.

On ne peut s'attendre, surtout si l'on est introverti, nerveux ou anxieux, simplement dans une phase de tension passagère, à y parvenir tout de suite. Il faut persévérer. Il faut s'y entraîner.

L'expérience montre qu'il est préférable de faire un gribouillis tous les jours, plutôt qu'une série de gribouillis à la chaîne, une fois de temps à autre. C'est la base même de tout entraînement : mieux vaut la régularité à des sursauts intenses mais isolés.

Si on persévère – la base de six mois est une mesure moyenne – on deviendra familier avec cette pratique.

S'ouvrira alors le monde du dialogue avec son extraconscient, la possibilité de voir si certains types de gribouillis reviennent de manière habituelle, afin de repérer son mode d'appréhension et de solution des problèmes et, en définitive, de modifier son comportement.

Car, oui, on peut s'engager dans une sorte de « gribouillis-thérapie ».

Trois exemples
de test du gribouillis
analysés

Nous allons voir maintenant trois exemples de test, analysés.

Pour le dernier exemple nous avons même repris étape par étape, le processus d'analyse d'un gribouillis présenté et développé page 47.

Pour des raisons d'éthique et de secret professionnel, les noms, quand ils figuraient, ont été masqués. Les prénoms, moins révélateurs, ont été laissés, sauf quand, à la demande l'intéressé(e) – c'est le cas de l'exemple 2 *(Figure n° 74)* – le prénom a été modifié.

Exemple de test 1 – *(Figure n° 73) :*

Étant en taille réelle, et important, il figure sur la page suivante.

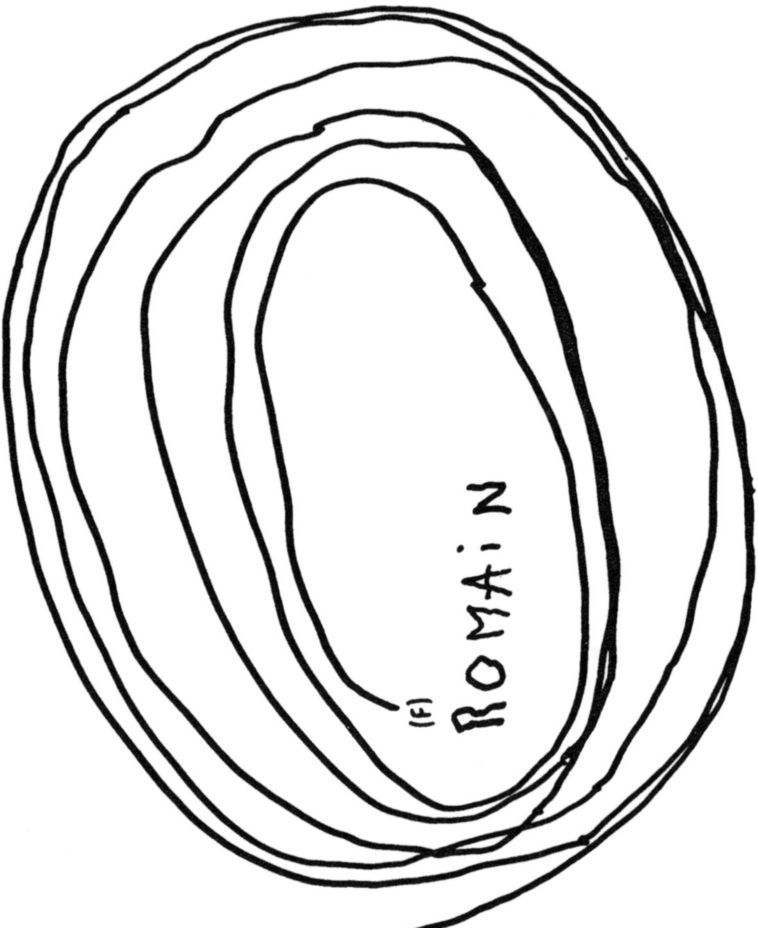

Figure 73

Le gribouilleur est un garçon de 4 ans. Vu son jeune âge, on a écrit pour lui son prénom, mais il s'est appliqué pour repasser sur les lettres tracées ; c'est lui qui a souhaité le faire.

Il vit dans une cellule familiale de trois personnes : sa mère, son père et un petit frère de 14 mois.

Au moment où il fait ce gribouillis, il passe par une crise personnelle. D'une part il subit un accès de jalousie vis-à-vis de son petit frère ; il a l'impression que tout le monde lui prête moins d'attention qu'avant, et qu'il n'est plus, de fait, l'enfant-roi qu'il avait été, bien que ses parents continuent à avoir avec lui beaucoup d'activités.

Pour tenter, dans son esprit, de rattraper les choses, il fait souvent comme son petit frère et ne comprend pas pourquoi on lui fait remarquer, souvent de façon amusée, des choses dont on ne le félicite pas, alors que pour son frère, on s'extasie, tout simplement parce que celui-ci est plus petit et pataud.

Autre élément perturbant, l'école, qu'il fréquente depuis deux ans et qu'il a très bien assimilée, ayant plaisir à y aller. Mais depuis cette année, il est le souffre-douleur d'un enfant anormalement violent – que nous appellerons Marc – qui le frappe, le mord, et lui lance des objets. Il est d'ailleurs obnubilé par cet enfant, répétant tout le temps « *Marc a fait cela... Marc a dit cela...* ». Sans doute au contact de ce Marc, il est devenu plus agressif, plus violent même.

Lui qui était propre depuis plusieurs mois, refait pipi au lit, la nuit, même parfois lors de la sieste.

Analyse

Il a choisi le format à l'italienne. Son gribouillis est constitué d'une unique spirale, sinistrogyre, effectuée d'un seul mouvement.

Il a choisi du violet pour repasser sur son prénom; la spirale, elle, a été dessinée avec un crayon rouge. Enfin nous avons ajouté la lettre (D) pour indiquer le départ et la lettre (F) pour indiquer la fin de la spirale.

Remarquons déjà la couleur violette pour son prénom. Le violet, intermédiaire entre le bleu, couleur du désengagement céleste, et le rouge, couleur de combat, couleur de la puissance. Tiraillé entre les deux, le violet est la couleur des martyrs et de tous ceux qui cherchent à gagner la faveur des autres.

Le rouge de la spirale accentue le côté passionné de sa démarche, chargée de sensibilité et d'émotivité et qui s'inscrit dans un processus ambigu fait d'expansion et de régression, car le jeune garçon concerné est très attachant, sans rien de rétif.

Cette démarche (point de départ de la spirale) s'inscrit à partir du passé et de la zone des appréhensions (peur de faire pipi au lit, sans doute aussi, peur de Marc). Il sent qu'il a besoin de la protection de sa coque, car la situation est dangereuse, et il ne se sent pas encore prêt pour maîtriser tout cela, d'où le besoin d'une lente évolution, grâce à cette spirale. Pour l'instant, il accepte ce destin. Son attitude est extrêmement prudente, car l'influence omniprésente du retour vers le passé le paralyse.

La spirale s'arrête assez près du R de Romain, c'est dire que le choc avec sa nouvelle réalité, quand elle sera atteinte, ne sera pas brutal: il n'y aura pas besoin de trop de changements dans son comportement.

Il a tracé l'œuf central de sorte que Romain se trouve dans la zone sud-ouest, zone des tourments secrets, mais aussi du non-extériorisé (d'où sans doute le « refuge » de l'énurésie), ainsi que des rêves.

Il exprime donc avant tout un désir de protection. D'ailleurs, en lui posant la question nécessaire pour s'assurer qu'il n'avait pas voulu représenter quelque chose d'autre qu'un gribouillis, il dira : « C'est un nid, j'y suis bien… ». *D'où également le départ de la spirale, qui lui permet de se positionner dans ce qui n'est plus qu'un rêve : l'enfant-roi,*

Mais cette protection n'est pas statique ; il veut évoluer à son rythme et, personnalité déjà affirmée, il ne peut écouter les autres.

Il cherche à retrouver son identité (le Romain qui ne faisait plus pipi au lit), en s'étant débarrassé des scories qui le hantent.

Bon pronostic d'une nature qui devrait, entourée de l'affection attentionnée de ses parents, lui permettre d'accepter le rôle du grand frère ; mais il faudra de la patience, car il le fera tout seul.

EXEMPLE DE TEST 2 – *(Figure n° 74) :*

Étant en taille réelle, et important, il figure sur la page suivante.

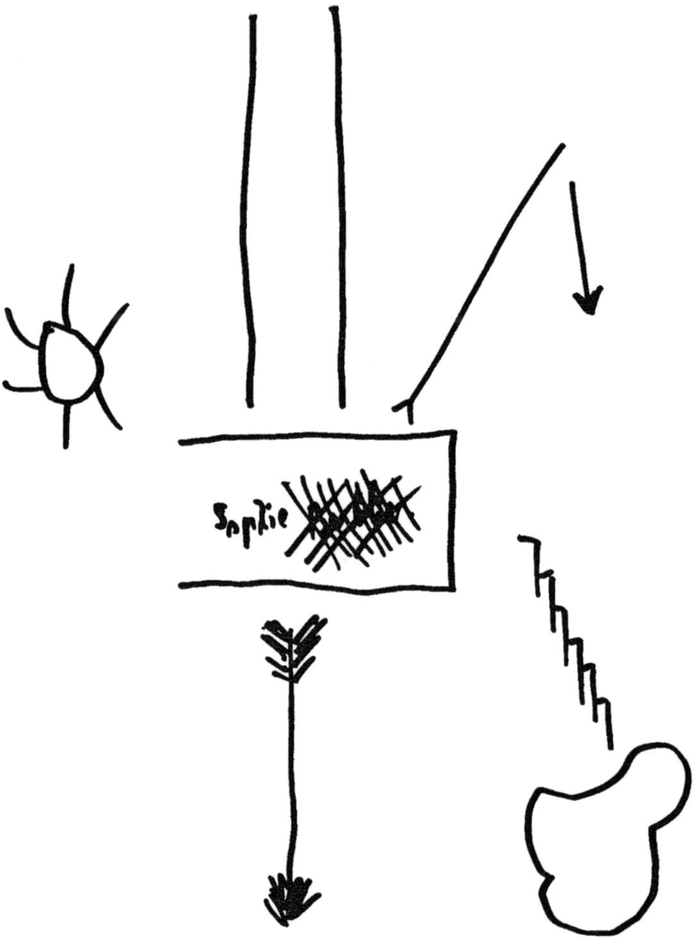

Figure 74

C'est le gribouillis d'une femme de 40 ans, mariée, mère de quatre enfants, catholique pratiquante qui se sent mal dans sa peau.

D'une part, très mère-poule, elle se retrouve phagocytée par ses enfants, dont elle s'occupe tout le temps, et pour tout. Elle a l'impression d'avoir laissé sa propre vie au profit de la seule gestion matérielle de son ménage.

Par ailleurs elle sait que son mari, dont le métier l'amène souvent loin du foyer, a par ses nombreuses frasques extra-conjugales, donné plusieurs sérieux coups de canif dans leur contrat. Enfin, elle est d'autant plus perturbée qu'au moment du gribouillis le coup de foudre lui est tombé dessus. L'épouse fidèle est submergée par ce qui lui arrive, en face de tous les interdits qui la rongent.

Analyse

Elle choisit le format à la française et prend un feutre noir pour faire son gribouillis, qu'elle va effectuer assez lentement, méthodiquement, partie par partie.

Selon les instructions, elle inscrit son prénom – qu'elle a demandé à modifier – et son nom, qu'elle va, après une hésitation, hachurer : elle masque, pour ne plus le voir, son nom patronymique.

Ensuite elle va encadrer son prénom d'un rectangle, dont elle laissera le côté gauche ouvert... sur un soleil. Elle a une vision pragmatique d'elle-même, mais également statique : cela ne changera pas. Elle s'en tient à l'aspect strictement matériel des choses.

Le soleil qu'elle trace après le rectangle, tout à gauche, semble un rêve du passé : c'est à la fois, chronologiquement, l'image de son père disparu trop tôt, puis l'image de l'époux qui fut un temps ce soleil.

Elle tire ensuite une lourde flèche vers le bas, vers la sexualité, comme si elle voulait l'atteindre, – cause première du malaise de son couple – mais aussi, secrètement, pour tenter de réveiller sa propre sexualité, en pleine effervescence par son coup de foudre.

Dans la foulée, elle lance une autre flèche vers le nord-ouest, ce qui est une affirmation de protestation et de rébellion. Est-elle sur le point d'envisager la séparation ? Cela reste très velléitaire, car en effet la flèche se brise et retombe vers un escalier. Folie que les rêves, les fantasmes, les fulgurances de son coup de foudre !

Elle va effectivement tracer un escalier, descendant, qui la ramène sur terre, aux tâches matérielles et lui rappelle que sa vie entière est programmée, en étapes organisées et planifiées du matin au soir.

D'ailleurs elle dessine un nuage (nous avons demandé s'il ne s'agissait pas d'une fleur incomplète, mais d'elle-même, elle confirmera qu'il s'agit bien d'un nuage) qui la replace en position d'attente et lui permet de se masquer momentanément la réalité, mais aussi de repartir une dernière fois vers un rêve fou.

Là, elle va hésiter, un petit moment, puis se décidera à tracer des parallèles, au-dessus d'elle.

La tour va lui permettre de trouver son axe primordial, de se laisser aspirer par le spirituel, le secours de la religion.

Il reste un curieux élément à analyser. On remarque qu'il y a six rayons de soleil et que l'escalier comporte six marches. Voilà l'exemple même d'intrusion de l'extra-conscient. Cette répétition du six ne vient pas du hasard, comme on aurait tendance à le penser.

Le chiffre 6 (le nombre de jours nécessaires à la création !), correspond à l'harmonie, au parfait équilibre atteint (dans son cas, le statu quo) : y croire dans ces conditions relève du talisman.

EXEMPLE DE TEST 3 – *(Figure n° 75) :*

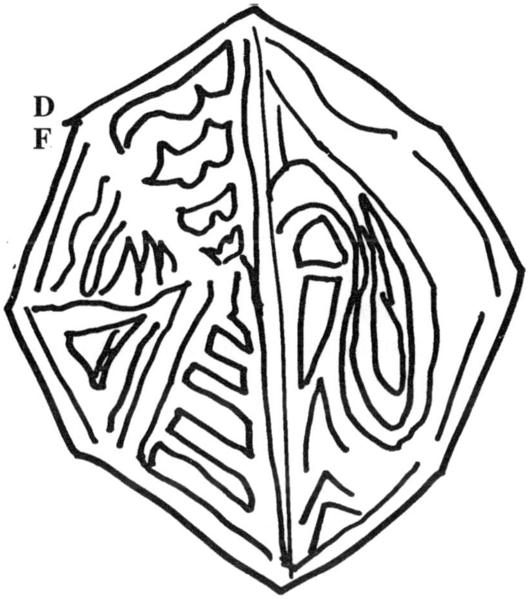

Figure 75

Il s'agit d'un jeune homme de 22 ans, qui passe par une phase difficile et se retrouve dans une situation très instable, dans la mesure où son avenir d'étudiant est momentanément en suspens, en attente d'une décision de redoublement ou d'exclusion.

Analyse

C'est un gribouillis étrange, gribouillis qui a l'apparence de certains motifs décoratifs chinois. De plus, il y a multiplicité d'éléments très disparates.

Où commence-t-il ? *(indiqué par la lettre **D**, pour départ).*
Il a attaqué son octogone en commençant par le trait horizontal du haut, en continuant dans le sens des aiguilles d'une montre. Il a donc d'abord tracé le cadre de cet octogone. La logique a prédominé.

Où s'achève-t-il ? *(indiqué par la lettre **F**, pour fin).*
Toujours en ce qui concerne le cadre de l'octogone, il a terminé par le trait au nord-ouest, la zone des craintes mais aussi des regrets. À noter que l'émotivité aidant, après son périple, le trait ne vient pas s'emboîter exactement au point de départ.
Nous verrons par la suite quelle est la chronologie des différents gribouillis enclos.

Quelles sont les zones utilisées ? Évitées ?
Son octogone est bien placé au centre, dans un réflexe de protection, pour ne pas être surpris, de quelque endroit que ce soit. Par ailleurs en le plaçant là, il insiste sur la volonté de rester sur la position actuelle de son moi.
Du fait qu'il utilise un octogone, il aborde toutes les zones référencées en symbolisme. Par contre, l'intérêt sera de voir dans quelle zone se situe tel motif interne particulier.

Quelle trajectoire suit-il ? Comment s'opère sa progression ?
Même problème que précédemment, à savoir que le seul élément de progression que l'on puisse relever c'est le développement chronologique des motifs internes.

Quels sont les changements de direction ?
Il faut éventuellement les voir dans chaque partie spécifique du gribouillis.

Présence d'une forme unique ?

Oui, puisqu'il s'agit d'un octogone, représentation géométrique du chiffre 8 ; ce qu'il demande, c'est l'application de la justice, même si son application se fait de façon impitoyable et coercitive. On ne peut pas attendre moins de la perfection de l'infini.

Groupes de formes dans le gribouillis ?

Après qu'il ait dessiné son octogone, il va tracer des parallèles dans le milieu de celui-ci, selon un axe nord-est sud-ouest : il part d'une situation de protestation et de rébellion pour descendre vers la zone des tourments secrets et des conflits.

Cela se fait grâce à une étroite tour qui sert à se trouver rapidement une solution.

Il va continuer par la partie à droite des parallèles. Il tente de doubler le tracé de l'octogone par des lignes, droites ou sinueuses et en guirlande : il pose comme principe d'agir de façon diversifiée.

Il s'y prend mal avec les angles dans le bas qui pointent à nouveau vers les projets, mais en accentuent l'approche brutale et agressive.

Et ce n'est pas mieux avec les deux triangles qui se font face, dont le supérieur est de toute façon protégé par une arche : le jeune homme veut rétablir l'équilibre mais il ne sait pas comment s'y prendre pour amorcer un nouveau départ.

Il reste l'écheveau qui occupe la partie principale du côté droit : il y a non seulement l'impossibilité à cerner le problème mais aussi à se positionner par rapport à celui-ci. Ses obsessions l'entraînent vers un sentiment de persécution.

Méthodiquement, il va passer à la gauche des parallèles, à commencer par la ligne en zigzag du bas : il veut assurer chaque étape et ne lâchera pas.

Il va enserrer deux triangles, pointés vers sa situation actuelle, c'est-à-dire partant du passé vers le centre : il y a toujours la volonté de rétablir l'équilibre en puisant dans son passé : ses résultats ne justifient pas l'exclusion !

Il va remonter vers le haut, traçant de nouveau des angles mais arrondis d'un côté, comme si le soc de la charrue était émoussé.

Enfin il va terminer, toujours dans le même processus logique, par une série de nuages étirés, partant du centre vers le haut, comme des messages de fumée. Mais il ne voit pas clair, plus on monte, plus les formes nuageuses s'étirent, masquant la vue.

L'ensemble montre le profond désarroi de ce jeune, qui ne voit pas vraiment comment il peut ébaucher un semblant de recherche de solution.

Sa démarche est protéiforme, contradictoire et il ne peut s'empêcher de trouver cela profondément injuste, alors il rêve d'une justice mais qui irait dans sa direction. Mais y croit-il vraiment ?

PETIT AIDE-MÉMOIRE POUR LES PRESSÉS ET AUTRES PARESSEUX…

Cet aide-mémoire est volontairement bref et succinct… hélas pour les pressés qui espéreraient trouver là, la réponse instantanée dans le style *« presse-bouton – j'ai la solution »*, qui les dispenserait d'aller au texte complet. On ne s'aventure pas dans l'étude symbolique d'un comportement humain tel que le gribouillis, avec une poignée de gadgets.

l'angle	insertion rigide, brutale
l'arche	autodéfense, secret
l'astérisque	désir d'expansion risque de dispersion
les (coups de) becs	dynamisme, impatience
le carré (rectangle)	vision pragmatique stable à statique
le cercle	sécurité, protection force de résistance

la chaîne	démarche logique
la croix	s'en remettre à une puissance extérieure
les dents de scie	agressivité, hostilité
l'échelle	programme en étapes démarche à risque
l'écheveau	diplomatie rusée refus de se positionner
l'échiquier	accepte le jeu de la vie et du destin
la flèche	calcul, agressivité anticipation
la grille	impression d'obstruction, d'empêchement, anxiété
la guirlande	réceptivité, manque de fermeté dans la conviction
les hachures	volonté de masquer
la ligne	décision d'engager l'action
la ligne courbe	désir d'avancer, mais avec souplesse
la ligne sinueuse	émotivité, sensitivité, hésitation devant la vie

Petit aide-mémoire pour les pressés et autres paresseux...

Le ressort comprimé	anxiété, tension risque de cassure
le ressort détendu	placidité prend son temps
la spirale	protection besoin de se ressourcer
la toile d'araignée	désir d'élargir son influence, jette son dévolu
le triangle	attitude indépendante, ambition
le V	centré sur des problèmes immédiats
le zigzag	procède par étapes.

Bibliographie… pour ceux qui veulent aller plus loin

BROSSARD A., *La Communication non-verbale*, Delachaux-Niestlé, 1984.

CHARON J.-E., *L'Esprit, cet inconnu,* Albin Michel, 1971.

CHEVALIER J. & GHEERBRANT A., *Dictionnaire des symboles,* Robert Laffont, 1969.

COUPAL M., *Le Rêve et ses symboles,* éd. de Mortagne, Québec, 1985.

DUCHAUSSOY J., *À la recherche de la parole perdue,* Omnium Littéraire, 1972.

EIBL-EIBESFELDT I., *Par-delà nos différences,* Flammarion, 1979.

FONTANA D., *The secret language of dreams,* BCA Londres, 1994.

FOURASTIÉ J., *Comment mon cerveau s'informe,* Robert Laffont, 1974.

FRAZER J.-G., *Le Rameau d'or,* Robert Laffont, 1981.

FROMM E., *Le Langage oublié,* Payot, 1975.

HALL E., *Le Langage silencieux,* Seuil, 1984; *Au-delà de la culture,* Seuil, 1979; *La Dimension cachée*, Seuil, 1971.

HOUAREAU M.-J., *L'Inconscient révélé par les tests projectifs,* CEPL, 1974.

HOYACK L., *Le Symbolisme de l'univers,* Chacornac, 1930.

JENSEN H., *Sign, symbol and script,* Allen & Unwin, 1930.

JUNG C.-G., *Problèmes de l'âme moderne,* Buchet-Chastel, 1960.

KŒSTLER A., *Les Racines du hasard,* Calmann-Lévy, 1972.

LEFÉBURE F., *Le Dessin de l'enfant, le langage sans paroles,* Masson, 1993.

LŒFFLER-DELACHAUX M., *La Préhistoire de la graphologie,* Payot, 1966.

MCPHÉE C., *L'Aventure du rêve lucide,* Le Grand Livre du Mois, 1997.

MEHRABIAN A., *Silent messages,* Wordsworth, 1971.

MOSS SCOT C., *Dreams, images and fantasy, a semantic differential casebook,* University of Illinois Press, 1970.

NARR K.-J., *À la recherche de la préhistoire,* Payot, 1966.

PANETH, DR., *La Symbolique des nombres dans l'inconscient,* Payot, 1976.

PHILIBERT M., *La Naissance du symbole,* Danglès, 1991.

PRIEUR J., *Les Symboles universels,* Fernand Lanore, 1982.

PULVER M., *Le Symbolisme de l'écriture,* Stock, 1953.

RADIN P., *Le Monde de l'homme primitif,* Payot, 1962.

SCHUBERT G.-H., *La Symbolique du rêve,* Bamberg, 1814; Albin Michel, 1982.

SCOTT J., *Le Test des couleurs de Lüscher,* Aubanel, 1973.

SULGER F., *Les Gestes Vérité,* Sand, 1986.

VALENTA A., *La Passion de connaître,* du Rocher, 1991.

VINCHON J., *La Magie du dessin,* Desclée de Brouwer, 1959.

WATSON L., *Histoire naturelle du surnaturel,* Albin Michel, 1974; *Histoire naturelle de la vie éternelle ou l'erreur de Roméo,* Albin Michel, 1976.

WHITTICK A., *Symbols, signs and their meaning,* Leonard Hill, 1960.

Vous pouvez consulter le site de l'auteur
www.francoissulger.com

Table des matières

Impression réalisée sur CAMERON par

BUSSIÈRE CAMEDAN IMPRIMERIES

GROUPE CPI

à Saint-Amand-Montrond (Cher)
pour le compte des Éditions Grancher
en avril 2003

N° d'impression : 031750/1.
Dépôt légal : avril 2003.

Imprimé en France